元学习者的七个习惯

[美] 桑尼 · 马加纳 Sonny Magana 著
焦隽 焦建利 译

THE 7 HABITS OF META-LEARNERS

LEARNING IN THE ZONE

中国青年出版社

图书在版编目（CIP）数据

元学习者的七个习惯 /（美）桑尼·马加纳（Sonny Magana）著；焦隽，焦建利译.
—北京：中国青年出版社，2023.9
书名原文：Learning in the Zone: The 7 Habits of Meta-Learners
ISBN 978-7-5153-6991-4

Ⅰ.①元… Ⅱ.①桑… ②焦… ③焦… Ⅲ.①学习能力 - 通俗读物 Ⅳ.①G442-49

中国国家版本馆CIP数据核字（2023）第136032号

元学习者的七个习惯

作　　者：［美］桑尼·马加纳
译　　者：焦　隽　焦建利
审　　校：徐品香
策划编辑：段丽君
文字编辑：段丽君　侯雯洁
责任编辑：宋希晔
美术编辑：杜雨萃
出　　版：中国青年出版社
发　　行：北京中青文文化传媒有限公司
电　　话：010-65511272 / 65516873
公司网址：www.cyb.com.cn
购书网址：zqwts.tmall.com
印　　刷：大厂回族自治县益利印刷有限公司
版　　次：2023年9月第1版
印　　次：2023年9月第1次印刷
开　　本：787mm × 1092mm　1 / 16
字　　数：180千字
印　　张：11
京权图字：01-2022-4287
书　　号：ISBN 978-7-5153-6991-4
定　　价：49.90元

CONTENTS

目录

PRAISE FOR LEARNING IN THE ZONE

赞誉之辞

在这本引人入胜的书中，桑尼·马加纳（Sonny Magana）提出了一个关于学习者的新观点，它远远超越了“信息接受者”这一传统观点。他的元学习观有可能为21世纪新教学法奠定基础。

——罗伯特·J. 马扎诺（Robert J. Marzano）

马扎诺资源公司（Marzano Resources）创始人兼首席学术官

我非常喜欢这本书！《元学习者的七个习惯》是所有教育工作者的必读之书。桑尼·马加纳再一次找到了将复杂的思想简单地呈现出来的方法，他带领读者全面了解自己的学习历程，并结合当前的研究和最佳实践，为每个人解开了元学习的奥秘。桑尼的例子提供了真实的学习情境，可亲可近。从第一页开始，《元学习者的七个习惯》就是给教育工作者的礼物。它将改变我们的学校，帮助我们真正深入了解学习是如何发生的，以及我们如何在学校里培养元学习者。桑尼·马加纳，感谢您所做的工作，感谢您一路走来对我们的不断激励！

——艾利森·斯塔芬（Allison Staffin）

樱桃山西部高中（Cherry Hill West High School）副校长

我超级喜欢《元学习者的七个习惯》这本书！它为教育工作者提供了高效的策略，使有意义的学习变得毫不费力，几乎感觉像是变戏法。马加纳以研究和认知科学为基础，描述了如何将学生与元学习习惯联系起来，为他们的终身学习做好准备。老师们会惊喜于这些元学习习惯如何使他们的课堂充满了活力——从而让学生的成绩飙升！

——马特·米勒（Matt Miller）

教育工作者、演说家和《丢掉教科书》（*Ditch That Textbook*）的作者

教师和领导者通过引导学生进入学习状态，重新点燃了他们自己对教学和学习的热爱。桑尼以其机智幽默和相关案例奉上了一堂深入浅出的大师课，通过七个元学习习惯“引导”你的学生终身学习。《元学习者的七个习惯》将帮助你，让你的学生离开板凳，在充满生机与活力的课堂上，走上掌握知识的道路。

——汤姆·查鲁哈斯（Tom Charouhas）

玫瑰山初级中学（Rosehill Junior High School）教育工作者

《元学习者的七个习惯》真的引起了我的共鸣。我把这本书应用到我即将学习的一些新知识中，对它进行终极检验。按照书中的建议，在学习项目开始之前，我对自己的个人掌握目标（Master Goal）做出了承诺。这一承诺改变了我对学习的态度。然后，我想象完成这段学习之旅的回报，并撰写了一本学习之旅的日记，记录了我的情绪状态、动机和实现目标的进展情况。这对我的作用，也正是对我们的学生的作用——它使我对自己的学习能力和进展有了高度的认识。反馈回路在我心里，而不是在老师那里。我成了自己的学习冒险之旅的作者。这就好比在学生成为元学习者时，我们给予了他们一种超能力。这不只是一本可读的书，而是一本适用于你和你学生的学习冒险的书。

——迈克·莫里逊（Mike Morrison）

拉古纳海滩联合学区（Laguna Beach Unified School District）首席技术官

变革愿景和真正的学习之路。我想不出有什么时候比现在更需要这本书了。当我们面对一个充满争议、不断变化的世界时，我们需要一个崭新的学习框架来激励学习者积极面对未来的挑战。元学习是我们的学生、学习者和我们自己在未来世界中茁壮成长所必需的。如果你在面向未来，寻求积极的变革和真正的学习，那么，我的建议是进入学习状态吧！

——迈克·查克斯博士（Dr. Mike Chaix）

兰乔库卡蒙加学区（Rancho Cucamonga School District）总监

当我读到“掌握是通过我们的行动来体现的”这句话时，《元学习者的七个习惯》这本书引起了我的高度关注。它巧妙地讲述了一个关于好奇心、技能、实践、自我反思和坚持不懈地实现自我设定的目标的故事。学习如何将我们的习惯付诸实践，就像音乐一样令人陶醉。元学习者的七个习惯与文化响应者的大多数常见做法、社会情感学习的关键领域并行。书中所提供的句子模板和数据点将使教师和学生有机会充分发展他们的潜能。像往常一样，马加纳博士为基础教育工作者提供了一个最便捷的资源。这本书是为我们所有人而写的。

——尼里・克拉克（Nyree Clark）

科尔顿联合学区（Colton Joint Unified School District）

教育工作者和课程计划专家

马加纳博士为我们提供了一个元学习的概念框架，可以作为所有学习者的模型。这个元学习框架是由七个习惯组成的，马加纳博士通过讲述自己作为吉他手的亲身经历来加以阐明。这种讲故事的方式引人入胜，为读者提供了每个习惯的详细实例。马加纳博士将每个习惯都建立在科学和研究之上。每一章都囊括了在课堂上实施这七个习惯的实用策略和工具。马加纳博士再次实现了突破，为教育工作者提供了宝贵的资源，这将改变未来几年的课堂教学与学习。

——卡拉・特赫・阿兰达博士（Dr. Carla Taugher Aranda）

帕布罗・塔克小学（Pablo Tac Elementary School）校长

21世纪和再技能革命[①]中最迫切拥有的技能之一是培养自主地、创造性地解决问题的能力。这是通过“学、做、学、做、休息、学……重复”的过程来实现的。正如马加纳博士在《元学习者的七个习惯》中所描述的那样，我们每个人都有可能体验到最佳学习，在这种学习中，我们的激情与能力融合在一起，将我们的表现提升至远远超出我们所预期的水平。他用“元学习”一词来描述人类与生俱来的能力，即学习如何根据需要和不断变化的环境来优化自身学习、归零学习和重构学习的方式。现在是时候从“备用学习”（just-in-case learning）转向“即时学习”（just-in-time learning）了。元学习是今天的学生成为明天的问题解决高手的关键过程。

——迈克尔·R. 麦考密克博士（Dr. Michael R. McCormick）

瓦尔维德联合学区（Val Verde Unified School District）总监

《元学习者的七个习惯》是对我们与生俱来的学习能力的精辟解释。马加纳博士的七个元学习习惯确保我们拥有成功人生所需的认知工具。《元学习者的七个习惯》是指引教育工作者和领导者引导学生充分发挥潜能的灯塔。

——罗伯特·麦科勒姆博士（Dr. Robert McCollum）

赫斯佩里亚联合学区（Hesperia Unified School District）副总监

① 再技能革命（The Re-skilling Revolution ）是2020年1月在世界经济论坛第50届年会上发起的，旨在到2030年为10亿人提供更好的教育、技能和就业机会。——译者注

无论学习水平如何，拥有一个充满积极向上、独立自主、热情洋溢的学习者的班级可能是每个课堂教育工作者的梦想。马加纳博士在《元学习者的七个习惯》中以学习科学、形而上学、哲学和生物学的关键概念为基础，结合自己对达到熟练掌握程度的思考，提出了一种独特的方法。这种方法包含了整体性学习者和学习本身。将这些元学习策略融入教学中，可以帮助学习者找到实现学习目标的动力、资源、流程和决心，它不仅为学习者带来了希望，而且也为公共教育带来了希望。正如我们对马加纳博士所期望的那样，他提供了一个友好而有效的框架，指导教育工作者努力发掘学生最好的一面，使他们具备终身学习的能力。

——史蒂文 · B. 希克曼博士（Dr. Steven B. Hickman）

河滨县教育办公室（Riverside County Office of Education）

教育技术服务协调员

《元学习者的七个习惯》提供了一个亟需的框架，有利于领导者和教师帮助学生。马加纳博士的七个元学习习惯在开展掌握性学习的过程中，把我们学生的感情与理智联系在一起。马加纳博士向我们展示了学校系统如何从培养事实记忆者，转变为培养具有强烈能动性和自我效能感的元学习者。

——费塞尔 · 贝尔（Faysel Bell）

赫斯佩里亚初级中学（Hesperia Junior High School）校长

桑尼·马加纳博士在《元学习者的七个习惯》中介绍了元学习者使用的七个习惯。教育工作者不必再为如何在教育领域培养如此理想化的“终身学习者”而烦恼了。马加纳博士为那些希望了解并引导学生进入最佳学习状态的教育工作者铺设了一条金光大道。桑尼分享了他学习吉他的亲身经历，用以说明我们作为教育工作者如何识别和培养优秀的学习者。每一个学生都应该获得卓越的学习体验，每一位教师和领导者都需要这本书来指引方向。

——玛莲娜·赫伯恩（Marlena Hebern）

教育工作者、《教育协议现场指南》（*The EduProtocols Field Guides*）合著者

我非常喜欢桑尼的新书，它把复杂的大脑研究讲述得通俗易懂，让一线教师更易于接受。当我们忽视儿童大脑的实际运作方式时，我们往往会建立起对专制性规范的依赖，并试图通过“武力”和“胁迫”来让学生学习。我很高兴，桑尼一如既往使他的研究成果既有相关性，又有可操作性。我希望教育工作者积极行动起来，以优雅而体面的方式彻底实现学习效果最大化。早就该这样了。干得漂亮，桑尼！

——乔恩·科里波（Jon Corippo）

教育工作者、《教育协议现场指南》（*The EduProtocols Field Guides*）合著者

《元学习者的七个习惯》是每一位教师和学校领导都应该阅读的一本书。这本书恰当地将学习者及其学习置于我们关注和讨论的绝对核心位置。更重要的是，它关注学习是什么感觉、如何体验学习，以及在学习的过程中，我们所有人的内心深处发生了什么。这些方面的证据表明，在学校里成功的一年和一个有成就感的人成功的一生之间存在着差别。桑尼果然以其高度熟练的方式，带领我们踏上了一段有意义的旅程。他巧妙地将自己的亲身经历与世界各地的重要研究结合在一起。更重要的是，他为我们提供了切实可行的策略，让我们反思、行动，并将其融入我们自己的思想和实践中，从而使我们成为更好的教师，让我们的学生成为成功的终身学习者。这本书是所有教育工作者的必读之书。

——菲奥娜·奥布里–史密斯博士（Dr. Fiona Aubrey–Smith）

教育工作者、作家和“一生学习”（One Life Learning）总监

在《元学习者的七个习惯》中，马加纳博士为领导者、教师和学生提供了养成元学习的七个习惯的实用策略，将以学生为中心的学习提升到新的高度。重点是学习者获得信心，不仅可以设定个人掌握目标，而且还能在享受过程和想象结果的同时，成功地实现这些目标。自我调节、决心和反思等技能有助于学习者与他们的学习建立联系，并投入到他们的学习中，有助于学生的能动性延伸到课外。此外，在学习者成长为求知若渴的终身学习者的过程中，努力养成这些习惯有

助于他们建立自信，并揭示他们的情绪状态和认知成长如何在取得成就的过程中共同发挥作用。马加纳博士的轶闻趣事和鲜活案例有助于读者设想这个过程和结果，并将其与有效的教学策略（如教育协议和社会情感学习实践）联系起来，为教育工作者提供了支持所有年龄段学生养成元学习习惯的工具。

——希瑟·埃斯波西托（Heather Esposito）

樱桃山学区（Cherry Hill School District）教师、技术教练

在《元学习者的七个习惯》中，桑尼·马加纳巧妙地为我们提供了大幅度提高学习能力的路线图。元学习七个步骤中的每一个步骤的活动，都让读者养成深入学习和系统学习的必要习惯。马加纳博士将研究和实践完美地结合在一起，解释了元学习的框架。此外，桑尼还为教育工作者如何帮助学生成为元学习者提供了明确的方向。这不仅是一本令人信服的好书；还是一本真正的变革性学习指南，可以用来进行自我更新。

——玛西娅·罗素（Marcia Russell）

文图拉县教育办公室（Ventura County Office of Education）

教育工作者资助与成效主任（director of educator support and effectiveness）

桑尼·马加纳在《颠覆性课堂技术》中介绍的T3框架提供了亟需的深入指导，通过该框架，学习型组织可以在技术使用方面采用颠覆

性的方法，实现对教师和学生的超越。这个模型既有前瞻性，又有可操作性，引导学习者及其学习走向超越，在此，探究设计和社会创业寻求解决21世纪的问题和机遇。在桑尼·马加纳的新著中，他将我们带到了另一个层面——个体内部和学习状态，在此，各种情况融合在一起，产生了奇妙的掌握感。他向我们介绍了元学习——人类与生俱来的学习能力，即学习如何根据需要和不断变化的情况来优化自我学习、归零学习和重构学习的方法——桑尼·马加纳再一次“走进元”（goes meta），超越现状，向我们展示了当前任务与我们的大局之间的关系。整体性学习者的幸福感和掌握能力是21世纪及以后的基本素养。

——汤姆·芬恩（Tom Finn）

AVID产品有限公司（AVID Products, Inc.）首席执行官

桑尼又创作了一本必读之书。《元学习者的七个习惯》完美地分解了元学习和七种元学习策略。他不仅对这些策略进行了很好的定义，而且还提供了可以在个人生活和课堂中立即实施这些策略的方法。本书涵盖的思考和资源都很到位。他把自己的经验和方法完美地结合在一起，供他人开启学习。如果你正在构想一种提高你和你的学生的学习水平的方法，不妨看看这本书！

——丽莎·M. 诺瓦科夫斯基（Lisa M. Nowakowski）

教育工作者、《教育协议现场指南（数学版）》

（*The EduProtocol Field Guide Math Edition*）合著者

我30岁出头的时候开始教书，这是我的第二职业。我来自一家快节奏、创新型的高科技公司。作为一名新教师，我觉得表层化教学有严重的问题。遗憾的是，教学方法和学生成绩之间可能存在着令人震惊的脱节现象。作为教育工作者，我们必须记住，我们本质上是学生学习领域的脑科学家。桑尼·马加纳博士的《元学习者的七个习惯》中充满了关于大脑如何学习的有趣信息和研究——从你的情绪状态到平衡集体课堂对学习目标的贡献。他的七个元学习习惯是当今教育工作者有效培养学生适应未来世界所需的处方。

——詹妮弗·古德曼（Jennifer Goodman）

赫斯佩里亚初级中学（Hesperia Junior High School）教育工作者

《元学习者的七个习惯》真的引起了我的共鸣。我很欣赏书中有关音乐对桑尼的学习历程的影响的联系和引用。我非常喜欢与学习情感的联系，因为我认为，对于这一点我们在教育方面讨论得还不够，尤其是与成人学习者有关的方面。对我个人来说，学习一直是一种情感体验，我很喜欢这本书为读者提供的有效习惯、情商和毅力的综合介绍。我希望所有的教育工作者都能读一读《元学习者的七个习惯》——不仅仅是为了帮助学生学习，也是为了重新发现自己对学习的热爱。

——教育学博士朱莉·D. 贾德（Julie D.Judd EdD）

文图拉县教育办公室（Ventura County Office of Education）

首席技术官

桑尼·马加纳博士向我们提出挑战，让我们停下来，利用“元时刻”（meta-moment）思考一下，当我们持续应对复杂多变的情况时，什么是最重要的。正如桑尼所指出的那样，情绪的自我调节至关重要，因为情绪是动机、注意力和认知的控制者。在《元学习者的七个习惯》中，通过对学习者如何自我学习、归零学习和重构学习的个人反思进行探讨，桑尼将神经科学和实践完美地结合在一起。

——马克·斯帕维尔（Mark Sparvell）

微软公司教育总监

很久以来，我一直是桑尼作品的忠实粉丝。他的新书《元学习者的七个习惯》向我们介绍了元学习的迷人世界。我喜欢他把复杂的研究分解成任何教师或家长都可以做的实际事情。桑尼的七个元学习习惯是我们的学生在学校和生活中取得成功所必需的，他让我们很容易理解并培养学生的这些习惯。在经历了新冠疫情的混乱之后，元学习应该成为学校的新常态。

——爱丽丝·基勒（Alice Keeler）

《谷歌课堂的50个使用方式》（*50 Things You Can Do with Google Classroom*）作者

献给特蕾西：

我唯一能做的，就是爱你。

Foreword

序言

最近，我迷上了填字游戏。星期天，我打印了四大纵横字谜（分别来自《纽约时报》《洛杉矶时报》《环球报》和——最好的——《华盛顿邮报》的伯恩霍尔茨栏目），并在几个小时内沉迷于此（我妻子珍妮特说的）、陶醉其中（我儿子说的）、处于最佳状态（我说的）。我喜欢把横向和纵向的提示、题目答案、一些提示的巧妙之处，以及苦思冥想后看破提示时那种顿悟的喜悦融为一体。当我处于最佳状态时，我热衷于填字游戏。完成填字游戏会让我成为更好的人、更高层次的学习者、更睿智的学者吗？不，这纯粹是学习的乐趣，与许多青少年看待电子游戏、狂热的体育迷看待比赛、教师看待帮助学生提高学习热情没有什么不同。那些有爱好的人非常喜欢“沉迷”其中。

最近，我们分析了电子游戏开发商所运用的主要学习理念，想到也许我们需要提醒教育工作者可以将这些理念重新引入学校。具有讽刺意味的是，这些学习理念来自学习心理学。游戏开发商并不认为动机是需要培养的东西——它一直存在于我们每个人身上。的确，学生拥有深层动机资源，但是，关键问题是，为什么他们应该把它用于此（课业），而不是彼（电子游戏）？

桑尼·马加纳也了解游戏玩家的原则和目标，在玩游戏和学习游戏时，他们会进入最佳学习状态。这些原则包括：确保参与任务的回报与目标的回报相同，甚至更多；刺激在于挑战——不太难，不太容易，不太无聊；学习者乐于从失败中学习；立即获得最大化的反馈；要好奇，更好奇；在玩游戏的过程中学习玩游戏；确保有一个故事，其中包含问题；学习可以是情绪性的；一起学习很有趣；而且我们每个人都可以按照自己的节奏来做——我们可以慢走、小跑或飞奔。这些就是我数小时沉迷于填字游戏而桑尼沉迷于吉他演奏的原因。

正如本书所指出的，学习和学校教育可能是两件完全不同的事情。但不一定要这样。也许我们需要采用新加坡的教育格言："少教，多学"。或许学生会看到老师在教的同时也在学。《可见的学习》（*Visible Learning*）一书的基本原则是，让教师通过了解他们的行为、信念和课堂文化对学生学习生活的影响来"了解自己的影响"。也许（就像疫情期间远程教学中所发生的那样）需要减少覆盖面，增加深度，让学生更多地独自学习、和同伴一起学习，让教师更多地释放责任，更多地教导学生成为自己的老师。

马加纳向我们介绍了元学习的概念。他恳请我们帮助学生学习如何消除阻碍最佳学习的障碍。我们生来就是要学习的，我们生来就有动力，我们天生好奇，我们渴望可预测性。事实证明，人类的大脑能很好地预测失误。我们从错误中学习。当我们把失误看作是学习的机会时，当我们与同伴和有学识的人一起探究我们的失误时，我们会快速成长。桑尼认为，任何人只要有时间、实践和充分的反馈，就可以获得、发展和完善元学习。是的，我们经常需要专家（如教师、同行、人工智能）来提升我们现有的知识，帮助我们看到更大的图景，从而胸怀大局，学会学习，以备将来之需，体验发现的情感。

我对填字游戏的痴迷使我有了个人掌握目标；它激发了我的情感，促使我努力和进步；它是未来学习的基石（我现在正在制作填字游戏，却被最优秀的人拒绝了！）。但是，它不符合马加纳的七大原则，因为它不是那么具有社会性。我欣赏他谈到的关于学习习惯以及打破习惯有难度的观点。我经常用一个习惯代替另一个习惯。我最喜欢的心理学作家威廉·詹姆斯（William James）（我给我的狗取了他的名字）认为，我们要培养学生具备的，不是习得越来越多的事实知识的习惯（除非我们想让他们在酒吧竞猜或知识问答游戏中获胜），而是学习的习惯，成为教师的习惯，以便他们可以继续学习，实现卓越。正如亚里士多德曾经说的："卓越不是一种行为，而是一种习惯。

我们知道其中的一些障碍。例如，认知负荷意味着我们的头脑中一次只能容纳四到六个想法，我们很难进行双重编码等。因此，我们需要教授学生处理这种负荷的技能，这是学习的本质。我们需要超量学习一些东西，将我们的学习资源用于新的想法、发现和好奇的问题。

正如詹姆斯所言，我们需要“等待时机，机会来了，要及时抓住，这样就能让你的学生同时学会思考、摸索和行动。过早的说教和谈话徒劳无益，令人厌烦”。

但是，不仅仅是习惯，还有自我调节（学习的能力）、在学习过程中培养和享受情感、发展更强的自我意识和自我控制意识。马加纳认为：“通过自我调节，我们才能拥有并保持平和的心态。”他说得对。此外，元学习者懂得学习是一项积极的团队活动。在课堂上，成功地进行小组学习并非易事，因为绝大多数人认为，简单地将学生分组就能获得集体智慧。是的，大多数学生都是分组坐的，但是，他们仍然是独自学习。然而，在小组中需要学习一些关键技巧，比如：话题转换、找到贡献的信心（这样不会成为虚度光阴的人）以及发现小组学习可以比任何个人（包括我）学习获得更好的结果。这种集体效能对于学生的发展至关重要，从而引导创建需要对个人贡献和团队合作进行多种解释和结构评估的任务。

请欣赏桑尼学习弹吉他的故事吧。它为我们带来了很多业已成为现实的想法。桑尼·马加纳已经真正超越了篝火阶段（campfires），超越了查克·贝里（Chuck Berry）阶段，成为了学习界的埃迪·范·海伦（Eddie Van Halen）。

——约翰·哈蒂（John Hattie）

墨尔本大学墨尔本教育研究生院副院长，荣誉教授

墨尔本教育研究所所长，《可见的学习》作者

PREFACE

前 言

“教育”一词源于拉丁语的educere，中文释义为：“从内部引导或引出；激发和开发潜能。”我一直认为，教育系统的目的不是简单地使学生记忆的信息量最大化，而是要确保所有学生都有充分的机会，发挥他们作为元学习者的内在潜能。本书旨在为学生、家长、教师、管理人员和教育领导者提供一个高度可靠的途径，帮助学习者养成七个特定的习惯，以优化他们自我学习、归零学习和重构学习的方式，从而成为元学习者。本书中的七个元学习策略旨在通过激发学生对无限学习的天然热爱，践行教育的初心。这是我们的基本权利。

我曾经做过任课教师，当过常务校长，自1983年以来，一直有幸挖掘学生的潜能。我也一直认为，庆祝自己教学历程的最佳方式是让我的学生有更多的发言权。我把《元学习者的七个习惯》的手稿寄给了我以前的一个学生温迪·史密斯。我认为，温迪雄辩而有力的回应，为本书做了完美的前言。我希望你也这么认为。

——桑尼·马加纳博士（Dr. Sonny Magana）

华盛顿州雷德蒙德教育山丘（Education Hill, Redmond, Washington）

桑尼：

我本打算给您回邮件，告诉您，我希望下个周末能抽出一点时间来阅读您的手稿，因为我现在忙得不可开交，可是，打开手稿一看，我发现压根儿就停不下来。首先，我要说明的是，我喜欢自传体的形式。在阅读那些不能激发我兴趣的书或者那些写得不够引人入胜的书（比如教科书或枯燥的研究期刊）时，我总是难以集中注意力，我在大学里读材料经常得读两遍。我觉得，当我听到别人用自己的语言讲述自己的故事时，我会学得最好，因为我能更好地想象它。另外，也许是因为它真的发生了，一个真实的故事会引起我的共鸣。我非常喜欢了解您的青年时代和吉他演奏的灵感，以及如何将其应用于您的学习和教学。我深切地记得，您在ACES这所非传统型高中（ACES Alternative High School）为我们弹奏吉他以及唱歌的情景。

就我自己在ACES高中的受教育经历而言，最让我印象深刻的是（请注意，我现在已经43岁了，所以，我在寻找我的记忆！）那里友好的、支持性的、共享的、无偏见的环境，我认为，这为我提供了一个积极的学习平台。没有这些，一个人怎么能真正地学习！在青少年时期，我们面临着太多的社会问题和个人变化，缺少社群背景会给学习带来障碍。正如您所指出的，让学生参与并不意味着让他们记忆和套用信息。参与是指实践性学习、团队协作和自我激励。我是一个十足的实践性学习者。我在ACES高中的一些最生动的记忆包括：在我们的“极地项目”虚拟实地考察中，跟随泰耶夫妇（The Thayers）前往北极的旅程，以及其间的兴奋和惊叹；在您的课堂上，通过显微镜观察标本；在考试前，做瑜伽呼吸练习，以及您为我们唱歌、弹吉他。我们是一群孩子，每个人都面临着不同的挑战，但是，我们团结一致，相互支持，相互接纳，因为这是我们的老师为我们树立的榜样。（元学习习惯1、2和3）

说实话，我认为，我在ACES高中收获的不是学术方面的成果，而是一个让我获得力量、走向学术成功的契机。在ACES高中就读是一段基础教育的积极经历，帮助我获得了进入职场、获得技能，并最终跨入大学所需的内在动力（元学习习惯4、5和6）。

我们的生活经历塑造了我们要成为怎样的人。很显然，在ACES高中就读的经历推动我走向社会工作领域。事实上，我的本科实习是在一所非传统型中学/高中（我不确定，我是否告诉过您这个），后来我就被斯诺霍米什县（Snohomish County）雇用了，在那里，我和离家的见习青年一起工作（元学习习惯7）。

您的关于课堂学习造成依赖的观点，以及与提供内在动机相对的来自他人的反馈的观点，准确而有力，真的引起了我的共鸣。作为一名家长，我非常担心一概而论的教育和评分方法。我们需要更好的方法。我很感激还有像您这样的创新者去寻找它们。

桑尼，谢谢您和我分享这本书。您一直激励着我。

温迪·史密斯（Wendy Smith）

华盛顿州伍丁维尔（Woodinville，Washington）

ACES高中1995级学生

第1章 什么是最佳状态

通过指导学习者如何自我学习、归零学习和重构学习，可以为教育增添一个有效的新维度……未来的文盲将不再是不识字的人，而是没有学会如何学习的人。

——阿尔文·托夫勒（Alvin Toffler）

你是否进入过最佳状态？你很可能有过这样的时刻：在某项活动或任务中，你体验到了驾轻就熟的喜悦，似乎毫不费力。你觉得你不能失手，你全力以赴。一切都很顺利，感觉棒极了。你完全沉浸在那一刻，感觉自己可以完成任何事情。

然而，处于最佳状态是一件很难界定的事情，因为它是如此难以捉摸，而且往往转瞬即逝，每个人的具体情况都各不相同。也许，处于最佳状态的唯一共同点是：当你进入最佳状态时，你就知道了。当各种情况融合在一起产生了那种轻松掌握的美妙感时，你就知道自己处于最佳状态了。

运动员在表现出色的情况下经常说自己处于最佳状态。篮球名人堂成员、罗德学者、前美国参议员比尔·布拉德利（Bill Bradley）曾作为纽约尼克斯队（New York Knicks）的一员参加过一场比赛，在那场比赛中，他接连做出六次转身后仰跳投（可以说是篮球运动中最难的投篮之一），全部命中。他事后解释说，他当时只是处于最佳状态。他觉得篮筐有垃圾桶那么大，他就是不能失手。迈克尔·乔丹在NBA总决赛中那场传奇性的38分比赛（其间他得了流感）是处于最佳状态的一个研究案例。伟大的球员韦恩·格雷茨基（Wayne Gretzky）是在最佳状态下打曲棍球的典范，他似乎能够预测曲棍球的位置，这样，他就能比冰上其他任何人先接触到球。

> 这里有一个思维实验，你现在就可以试试。花点时间，想一想你已经掌握的某项知识、技能或任务，当时，你处于最佳状态——快乐的状态。在这种状态下，你顺利地、几乎毫不费力地掌握了它。现在，想一想你是怎么走到这一步的。你是采用什么策略达到这种掌握水平的？你在这个过程中养成了哪些习惯？你进入最佳学习状态时的感觉如何？
>
> 此时，你刚刚进行了一次元学习练习。

然而，最佳状态并不仅仅适用于运动表现。艺术家们经常描述持续爆发的最佳表现，他们在创作过程中如此专注，以至于时间似乎都静止不动，几个小时过去了，就像过了几分钟一样。巴勃罗·毕加索在创作的癫狂状态下会花上几天时间，不停歇地创作一幅杰作。据报道，杰克·凯鲁亚克（Jack Kerouac）在一次不间断的创作中写下了他的经典作品《在路上》（*On the Road*）。

杰出的音乐家们描述，当他们集中精力演奏，以至于几乎毫不费力地达到完美时，他们体验到了超凡时刻。吉米·亨德里克斯（Jimi Hendrix）、普林斯（Prince）和史蒂维·雷·沃恩（Stevie Ray Vaughn）都是吉他大师，他们的现场表演就是处于最佳状态的例证。音乐家也用不同的术语谈论最佳状态："在心醉神迷的佳境中演奏"是音乐界对最佳状态的描述，这可能来自老式的留声机，它们在黑胶唱片上蚀刻出凹槽。在心醉神迷的佳境中演奏的时候，音乐节奏感强烈，以至于乐队中的每个人都被吸引住了，紧跟节拍，仔细聆听，相互配合，完全同步。

上述例子强调，一旦一个人掌握了一定程度的技能，就会进入最佳状态。但是，运动员、音乐家或学习者要获得什么样的知识和技能，才能使最佳状态成为可能呢？是否存在学习的最佳状态？事实证明是有的。我们每一个人都有可能体验到最佳学习状态，即我们的激情和能力融合在一起，使我们的表现远远超出我们的预期。这不一定是偶然发生的。事实上，在对这一现象进行了长达40年的研究之后，我确信，人类可以控制体验最佳学习状态的时间、地点和时长。这只是监测与最佳学习表现高度相关的七个不同指标的问题。这些指标被认为是简单易懂的策略，任何人都可以制定。如果你承诺制定这些策略并定期使用，那么，它们将成为新的学习习惯——我称之为“元学习习惯”——可以用于学习任何东西。

学校教育与（元）学习

从很小的时候起，我就知道学校教育和学习是完全不同的两件事。学校教育机械而乏味，但学习很有趣。我对学校教育的感觉通常介于无聊、焦虑和解脱（每当我成功通过某项测验或考试时）之间。我的课堂习惯是基于“填鸭式”的游戏：在考试的前一天晚上，我会把尽可能多的资料塞进我的工作记忆中，然后，第二天（希望我背的东西从工作记忆中消失之前）迅速把它们照搬到某张蓝色的考卷上。我真的很擅长死记硬背。但是，我养成这些习惯并不是为了获得深刻的概念性理解，也不是为了将我所知道的东西迁移到不同的情境中去。我是在冷静地锻炼我的短时记忆系统，以获取并短暂地记住肤浅的知识。这就是我所学到的学校教育游戏，所以，我潜移默化地养成了让自己严格遵守这些规则的习惯，仅此而已。

但是，当收音机里播放我最喜欢的披头士歌曲时，情形可就完全不同了。我发现自己迫不及待地想亲自弹奏吉他的部分。令人兴奋的是，我感到自己有了学习的欲望，这和我在学校的经历完全不同。我觉得有必要学习如何模仿我的摇滚偶像，亲自去重现他们的歌曲。我对学习披头士音乐的渴望，比我对尝试和失败的不情愿更强烈。这是我第一次有意识地承诺要学习一些远远超出我能力范围的东西。这改变了一切。

做出学习摇滚乐的承诺，为我开启了终身热爱学习的大门。

我体会到，学习如何演奏摇滚音乐为我的知识和自我表达打开了新的大门，这符合我的身份。自学如何弹吉他似乎是一个自然的过程，有逻辑，有顺序，而且令人兴奋。当我继续自学吉他时，不可思议的事情发生了：我注意到，我不仅仅是在学习如何演奏音乐，而是在学习如何学习。例如，我越来越能够长时间专注于一项具有挑战性的任务。我也在调节我要付出的努力程度。我看到自己的能力有了显著的提高，这进一步激励了我。

我的吉他发出的声音给我的演奏提供了即时反馈，但我越来越意识到另一种形式的反馈，即自我对话。这种自我对话就像来自内心学习向导的目标信号，可以消除情绪的不确定性或表演焦虑。它激励着我，使我相信我完全可以靠自己的努力提升自己的表演水平。每当我搞砸一个具有挑战性的和弦变化时，我的内心向导就会发出一个中立的看法，听起来像是“哎，这是不对的。如果你改用这种方法试试呢？”然后，我可能会试用另一个指位或手位，以确定它是否能改善我的演奏。这与我的学校教育体验大不相同，因为我不仅是反馈的来源，而且反馈回路也是在几毫秒内完成的，而不是几天或几周。

我的内心向导不仅仅是一个严厉的监工，让我保持自律，定期练习（当然，这也是其中的一部分），它更像是一个警惕的观察者，拒绝那些无效的策略，并将那些有效的策略转变为新的学习习惯。随着时间的推移和充分的练习，我开始更加自动地实施这些策略。一旦这些策略成为习惯，在实施的时候，我就不用考虑太多了。我只是实施这些策略，而无需花费大量的精力。

这是我的转折点。这一发现使我的整个学习生活和幸福感都得到了极大的改善。自学弹吉他似乎改变了我对学校教育的看法。这段经历让我对学习本身有了一种全新的认识，即学习本身就是一种素养，我可以培养这种素养，并随着时间的推移提高自己。我推想，如果素养被定义为某一特定领域的能力或知识，那么，为什么不考虑换成学习如何学习的能力和知识呢？我对学习如何优化自己的学习有了更深的理解。我找到了自己的最佳学习状态。

什么是元学习？

那么，什么是元学习？“元学习”是我用来描述人类与生俱来的能力（即学习如何根据需要和不断变化的环境来优化自我学习、归零学习和重构学习的方法）的一个术语。元学习将学习如何优化学习的过程视为一种基本素养。从表面上看，可以合理地断言，元学习就像其他素养一样，可以通过时间、实践和充足的反馈来实现、发展和完善。

“走进元”意味着摆脱现状或超越现状，看清当前的行动或任务如何与大局相关联。它意味着能够迅速将一个人的视角从“树木”转移到“森林”。许多人都熟悉元认知的概念，这是一个深入思考和反思的过程，思考和反思一个人是如何思考的或是如何知晓自己所知道的事情的。如果元认知是对一个人的思维的深入思考，那么，元学习就是

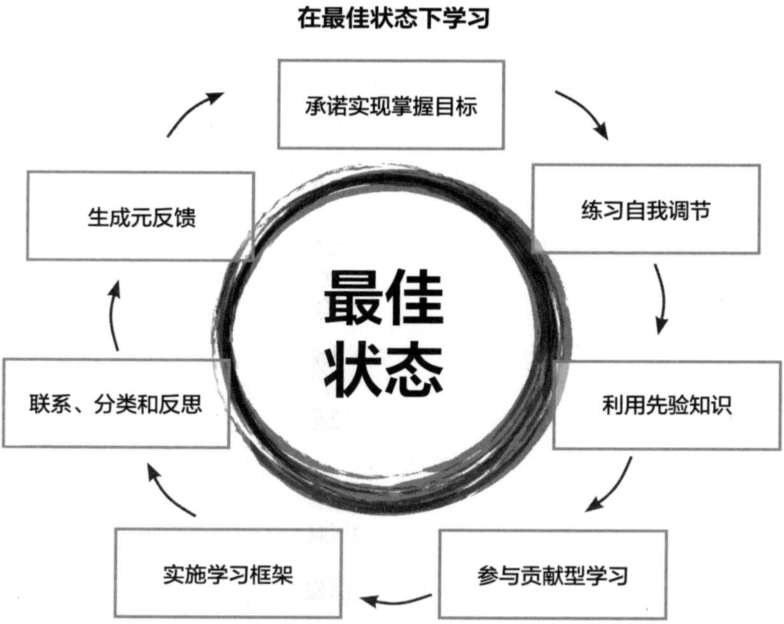

对一个人的学习的深入学习。因此，将元学习视为深入思考和反思一个人是如何学习的过程是合乎逻辑的，便于利用这种更高层次的意识来控制其学习的优化——体验在最佳状态下学习。

找到最佳学习状态是培养和掌握七个特定的元学习习惯的一个函数。这样做会使一个人有能力成为高度敏捷的学习者，始终保持最佳学习表现。

元学习者的七个习惯

在最佳状态下学习已成为我学习一切的方法。我经常使用这七个元学习习惯，以至于它们变成了一个有意识的过程。这招很奏效，屡试不爽。我开始改善这些习惯，并将其应用于其他追求。我发现无论我学习的是什么内容，都会产生直接而积极的影响。通过了解这七个元学习习惯并监控自己在实施这些习惯时的力度大小，我找到了优化学习的方法。

七个元学习习惯

1 元学习者承诺实现个人掌握目标。

2 元学习者监控和调节他们的情绪、努力程度和进展程度。

3 元学习者利用过去的经验作为当前和未来学习的基石。

4 元学习者是贡献型学习社群中高度社会化的积极参与者。

5 元学习者使用概念性框架将新的学习内容情境化。

6 元学习者对新的学习内容进行联系、归类和反思。

7 元学习者是他们自己的元反馈回路的来源。

这七个元学习习惯也完全改变了我的求学经历。我不再害怕上学，而是期待着掌握我在学校学习的新内容。当我为不同的追求（如攀登高山或获得高级学位）而学习时，我会积极地采用这七个习惯。元学习也为我提供了一种可持续的自我发现形式：在元学习的过程中，我不断地刷新对自己的认识。

成为一名元学习者对我个人来说意义重大。所以，我必须把自己新发现的学习习惯贡献出来，造福他人。在我21岁的时候，我承诺要成为一名教师和研究人员。从那时起，在我长达40年的教学和研究生涯中，这七个元学习习惯被证明对学生的学习过程非常有用。此外，这些习惯也得到了现有的有关教育有效方法的研究文献的有力支持。

在我的研究工作中，我想弄清楚，这七个元学习策略是否与找到最佳学习状态和达到轻松掌握相关。最近的突破性研究成果有力地表明，掌握这七个策略确实与学习成绩的快速提升相关。这些研究成果提供了一个路线图，有助于学习者养成元学习习惯，从而释放出自我反思、自我调节、自我决定和自我实现的无限能力。这些能力不仅能让学生更好地应对当前的学习挑战，而且还能使他们更好地应对未来面临的不确定的学习挑战。

本书的组织结构

虽然一开始依次学习每个习惯很有帮助，但是，这些习惯也是高度相关的，可以灵活地应用或调整。本书共分为九章：这一章是介绍章节，从第2章到第8章依次深入探讨七个元学习策略中的一个，最后一章侧重于将所有这些综合在一起，并探讨评估影响的工具。每一章都包括基于研究的、用来培养这些习惯的策略，以及帮助在任何学习环境中实施这些策略的数字工具。每一章最后还附有可以立即在课堂上与学生一起使用的引导性问题和补充资源，除此之外，还有引导你探索自己的最佳学习状态的扩展性问题。

第2章探讨承诺在寻找最佳学习状态的过程中所起的关键作用。如果不对个人掌握目标作出承诺，那么，在学习过程中就绝对没有归属。迈向掌握的第一步是承诺实现个人掌握目标。

第3章探讨用心学习和用脑学习的重要性。实际上，我们在学习体验中感受到的东西比我们思考的东西要多。在最佳状态下学习不仅仅是了解我们的情绪，而且还是学习如何通过自我反思、自我意识和自我调节来掌控我们的情绪。

第4章指出过去的经验在我们现在和未来的学习中发挥着关键作用。我们已经获得的知识基础是构建所有新知识和理解的基础。我们可以通过不断关注和加强我们的学习基础来找到自己的最佳学习状态。

第5章强调社会互动和对话在寻找最佳状态的过程中的重要性。学习是一项团队活动，而不是孤军奋战。通过确定学习伙伴、与他们建立更牢固的联系，并与他们进行交流，我们可以更容易地找到自己的最佳学习状态。

第6章评估情境在我们寻找最佳学习状态的过程中所发挥的至关重要的作用。使用学习框架既能使我们获得的复杂的新信息易管理、易理解，又能为我们指明前进方向，帮助我们理解。

第7章讨论将我们的学习组织成图式或心理结构的重要性，这有助于我们对学习进行分类。这些分类必须是有目的的、有联系的，并且需要不断的检查，以增强我们扩展最佳学习状态的能力。

第8章阐述反馈对寻找最佳学习状态的显著影响。对我们的学习进行反思，这个观点对我们大多数人来说都很熟悉，但是，为了优化学习，我们还必须掌控在学习过程中时刻反思的习惯，以及在学习结束后反思的习惯。本章介绍一种新的反思技巧，我称之为“元反馈”：同时了解当前任务和大局。

第9章以探讨在最佳状态下学习的效果评估问题结束本书。本章包括基于研究的协议和测量工具，这些将有助于指导所有学习者获得最佳学习。当学校教育从大规模记忆和不断重复转变为在最佳学习状态下学习时，整个制度将会发生明显的改变，有助于促进社会的进步。

第2章 养成对个人目标作出承诺的习惯

一个人除非做出承诺，否则他会犹豫不决，有机会退缩，总是没有成效。一切主动性和创造性的行为都有一个基本的原理，对它的无知会扼杀无数的想法和宏伟的计划：一个人一旦明确地做出承诺，天意也会随之而动。

——威廉·哈奇森·默里（William Hutchison Murray）

习惯是如何养成的？

习惯是一种程序，它随着时间的推移逐渐形成，最终成为我们永久自我的一部分。习惯是我们高度自动化的行为。它们无需太多的思考或考虑，但是，我们也不是完全无意识地这样做。例如，想一想学习如何驾驶手动挡汽车。一开始，在车流中驱动换挡杆的复杂操作需要大量的思考和精神专注，但是，随着时间的推移和不断的练习，换挡便成为一组无缝衔接的动作，无需多想，我们就能自动完成。

所有的习惯都是从尝试、失误和实践中习得的策略或程序开始的。有些是有帮助和建设性的，有些则不是。虽然这七个元学习习惯对你找到最佳学习状态很有帮助，但每一个习惯一开始都可能会让你感到别扭或不适。任何新策略或技能都是如此。但是，如果学习者坚持下去，投入充足的时间多加练习，这些习惯将成为最佳学习过程的自然组成部分。

想象……并承诺

1964年，我第一次听到了改变我一生的音乐。我母亲有一台塑料晶体管收音机，在打扫我们家的时候，她就听。当时，我是一个极度好奇的年轻人，我记得听到客厅里传来一种奇怪的声音，它立即引起了我的关注。佩图拉·克拉克（Petula Clark）唱《闹市区》[①]的声音令我着迷。我以前从来没有听过那样的声音，但不知怎么地就觉得已经很耳熟了。这证明了音乐的魅力。我记得我对自己说："这是多么悦耳的音乐啊！"我知道，我想要的更多。

① 佩图拉·克拉克是英国歌手、演员、作曲家，其职业生涯长达70个年头。英文经典老歌《闹市区》由汤尼·海奇（Tony Hatch）创作，发行于1964年。1964年12月19日，这首歌第一次打入美国排行榜，获得第87名，随即开始急速往上蹿升，五个星期后，就在1965年1月23日，夺得了美国的榜冠军，蝉联两周，使佩图拉·克拉克成为摇滚年代以来第一个夺得美国冠军的英国女歌手。这首歌讲述当一个人不开心的时候，可以到闹市区逛逛，那里热闹非凡，有音乐、歌舞、电影等各种东西可以体验。——译者注

当披头士乐队在《埃德·苏利文秀》[①]上首次亮相时，他们让新一代的美国人了解了摇滚乐。披头士乐队将我一举拿下。我完全被他们的歌曲、吉他和发型迷住了。那台塑料调幅收音机成了我永久的陪伴。我跟着披头士四人组一起放声高歌——这让我母亲非常高兴。多亏了母亲和她的晶体管收音机，披头士乐队的音乐才成为我成长岁月里的背景音乐。

我对披头士乐队的热情远远超过了我对学业的热情。在学校里，我是个平凡但又很听话的学生。虽然我的学习能力很强，但是，我真的不喜欢在学校里学习。然而，在闲暇时间，我会仔细阅读关于披头士的每一本书、每一篇文章和每一本我能搞到的粉丝杂志。随着20世纪60年代的发展，音乐变得更具实验性。我通过研究歌词和在《橡胶灵魂》(*Rubber Soul*)、《左轮手枪》(*Revolver*)和《佩珀军士》(*Sgt. Pepper*)中聆听新奇的声音，让自己保持与时俱进。披头士乐队似乎每年都会推出一张新专辑，每张专辑都充满了新奇而美妙的声音。有时，我会拿起我父亲的吉他——一把布满灰尘的、购自西尔斯罗巴克商店的Silvertone品牌的旧吉他[②]——尽管它的音调不准，我也不清楚自己

① 《埃德·苏利文秀》(*The Ed Sullivan Show*)是一档美国电视综艺节目，从1948年6月20日至1971年3月28日，每周日晚上8点到9点在CBS播出，并由纽约娱乐专栏作家埃德·苏利文主持。这个节目播出时间跨度长达23年，是美国电视史上播出时间最久的综艺节目之一，并曾邀请过猫王、滚石乐团、披头士乐团等艺人上节目。——译者注

② Sears Roebuck是美国知名的邮购和百货商店连锁品牌。Silvertone是Sears Roebuck在1915到1974年成立和运营的一家乐器、播放设备的子公司。在20世纪50年代，Silvertone是知名乐器品牌，是当时众多美国年轻人的吉他首选。——译者注

在做什么，但是，我还是会假装跟着披头士的唱片一起弹唱。要真正学会如何演奏，似乎是一件极其困难的事情。

1970年披头士乐队解散后，那些利物浦的小伙子们继续创作，可以说，他们创作了一些最伟大的音乐。1971年秋季，约翰·列依（John Lennon）发行了歌曲《想象》（*Imagine*），瞬间成为经典。我喜欢那首歌的一切：旋律、歌词、意象。我被它所传达的想象“所有人都生活在和平之中”深深地打动了，以至于不得不放弃伪装，学习如何弹奏它。就在那一刻，我第一次做出了要掌握它的承诺。现在听起来很滑稽，但是，我真的想象着自己在学习如何演奏《想象》。我的脑海中浮现出我为母亲演唱的情景。这真的就是当时的一切。那种心理意象是如此强烈，迫使我采取行动。我买了一本便宜的歌本，开始学习如何给我父亲的旧吉他调音，并演奏那首歌。

幸运的是，《想象》是用C调演奏的，C调是歌曲创作中最常见的调式之一。因此，我学会了如何将手指按在那块破旧的指板上，形成一个C和弦。如果我抬起食指，这个和弦就变成了下一个和弦，即C大调第七级和弦。然后，我学会了如何以一种更有挑战性的方式弯曲我的手指来弹奏F和弦。一个炎热的夏初，在新泽西州父母家的后院，我开始弹唱第一节的音乐和歌词，“想象世界上并没有天堂，只要你敢于尝试，这很容易”。

这与我在学校所体验的学习完全不同。在学校，我的老师会告诉我应该记住什么，作为一个恭敬顺从的学生，我会努力达到他们为我设定的目标。我只是在遵从别人的意愿。我也会依靠他们，知悉我在实现学习目标方面的进展情况。但是，当谈到学习如何弹奏吉他时，我真的很想学，所以，我确定了自己的目标。一切都由我掌控。我有明确的标准来确定我的进步水平和一套策略，我做出了实现目标的个人承诺。但不限于这些，我还再次做出了实现目标的承诺，确保自己每天都有时间练习。我学会了如何养成对自己的掌握目标做出承诺并履行承诺的习惯。

我如何履行承诺？

在任何学习过程的开始，总是会有混乱，一切都不正常，几乎没有任何意义。新的、难以理解的词语、信息和细节在我们的脑海中盘旋，让我们感到困惑，使我们晕头转向。有犹豫，有焦虑，甚至有恐惧，还没有明确的办法来摆脱这种混乱的局面。不过，一旦我们对掌控任何困难的学习挑战作出承诺，这一切都会改变。但是，你必须真的想要它，必须相信它，必须下定决心，没有什么东西能阻止你！

承诺就像我们心中的信物，它是个人的。但是，如果我们不采取行动，承诺就会消失。就像那句关于写作的古老格言：“精雕细刻出佳品，千修百改出华章。”关于承诺，人们常说，“世上无难事，只怕有心人”。当我们做出承诺并坚守承诺时，一系列非凡的事件就会开始展开，它们能够为我们指明一条从混乱中走向最佳学习状态的清晰道路。此刻，我们决心展现最好的自己。这就是我们向最佳学习状态迈出的第一步。

重要的是想象自己达到了目标，然后捕捉这个愿景。如果我们对自己想要实现的目标有一个美好的愿景，我们就更有可能坚持目标。要取得什么样的成绩？是否有一个清晰的构想？一个有用的策略是，首先画出或勾勒出你所期望的结果。从心目中的目标开始，勾勒出你想要达到的目标或你将怎样庆祝达到了目标。将积极的情感与目标和愿望联系起来也很重要。例如，我对摇滚乐的热爱促使我坚持每天练习，特别是在面对困难的时候。将我们的掌握目标与我们的情感、文字和视觉神经网络密切联系起来，可以形成一个有效的联合体，有助于增强我们所做的承诺的“黏性”。

当我们承诺实现个人掌握目标时，我们不仅能够看到最终目标，而且还能够看到自己成功掌握了值得追求的东西。一旦我们做出了这种承诺，就没有什么能阻止我们。这是必须要经历的事情，因为动力来自内部，而不是外部。当我们把对掌握目标的承诺变成一种习惯时，我们要么全身心投入，要么根本就不投入。

双面思维

对掌握性学习目标作出承诺可以培养我们的情绪思维。正如苏格兰著名登山爱好者、作家威廉·哈奇森·默里（William Hutchison Murray）所说的那样：“一个人除非做出承诺，否则他会犹豫不决，有机会退缩，总是没有成效。一切主动性和创造性的行为都有一个基本的原理，对它的无知会扼杀无数的想法和宏伟的计划：一个人一旦明确地做出承诺，天意也会随之而动。”当我们全身心投入某项任务的时候，我们就能体验到个人决心所带来的平静。当我们承诺竭尽全力完成一项艰巨的任务时，我们就会展现出最高阶的自我。这感觉也很棒。

这种感觉是找到最佳学习状态的关键。思考一个简单的比喻：人类的思维犹如一枚双面硬币。硬币的一面是情绪思维或情感思维，另一面是逻辑思维或认知思维。（当然，人类的思维比这个简单的模型要复杂得多，但简单的模型有时也很有用。）这个把思维比作一枚双面硬币的模型，突出显示了我们的情感成长和发展与我们的认知成长和发展是一致的，甚至更显著。它还强调了所有人类的共同之处——我们都是有知觉的人，无论年龄、种族、性别或出身如何，都能感受和思考自己的生活方式。

人类的情绪思维与认知思维是密不可分的，这绝对是一个基本的事实。然而，学习硬币的情感一面在学校教育中却一直被忽视。高利害的终结性考试只侧重于测量学生的认知能力。当然，评估和测量认知能力显然是有必要的，但是，如果在评估我们的认知能力的同时，也评估我们的情感能力，那就会有很多收获。幸运的是，随着旨在提高我们的情绪思维意识的社会情感学习项目的显著增加，发展趋势正朝着培养整体性学习者的方向扭转。

这一点得到了进化生物学、发展心理学、学习科学、认知科学和神经科学等不同研究领域的研究结果的有力支持。对这些研究结果的直接解释表明，人类大脑已经进化到能够快速处理情绪信号，以确定任何新情况下的威胁的程度。这些情绪信号实际上是生物化学电脉冲（bio-chemical-electrical impulses），它们以惊人的速度在我们的神经网络中上下游走。看来，在任何认知能力形成之前，人类的大脑天生就会对任何情况下的情绪安全进行评估。在学校和学习环境下，学生对学习的感受取代了他们对学习的思考。总体来看，这些研究成果能够指导我们将培养学习者的情绪思维的成长和发展，作为有效帮助学习者认知思维成长和发展的第一步。

我们都有一个内在的情绪指南针，当我们把它设定为一个艰巨的挑战时，它就会成为属于我们自己的北极星，一盏我们可以全身心地追随的指路明灯。挑战不再令人畏惧，我们不再犹豫，不再怀疑自己；我们下定决心要征服这个挑战，我们全力以赴，去迎接挑战，让鱼雷去见鬼吧！这个时候，各种前所未料的情形都会发生，帮助我们实现掌握目标。

对掌握性学习目标作出承诺也能培养我们的认知思维。当我们对自己即将经历的困难事有充分的了解，并在这种情况下做出承诺时，我们实际上在自己的大脑中建立并加强了新的神经通路。这对我们正在努力实现的特定学习目标有直接而积极的影响，并对我们的学习能动性产生复合效应——我们相信，只要付出足够的努力，我们就能够而且一定能够学会任何东西。当我们培养了自己的能动性时，我们对学习的信心和能力就会成倍增长。我们有可能会制定更具挑战性的目标。在这个过程中，我们不仅能学到更多关于我们正在学习的内容，而且还能学到更多关于我们如何学习以及如何优化我们的学习的内容。

学习故事

这在理论上是可行的，然而，真正的奇迹往往发生在行动中。掌握是通过我们的行动表现出来的。培养承诺这个元学习习惯的一个非常有效的方法是，使用有助于指导和支持我们行动的支架。支架的作用就像认知训练轮：在学习过程的开始阶段，我们需要大量的支架，但是，随着时间的推移，我们会逐渐把它们一个一个地移除，直到我们摆脱它们。本节提供了可以用来培养第一个元学习习惯的支架。

当我承诺学习如何演奏《想象》这首歌曲的时候，我想象着自己在为我深爱的人——我的母亲弹唱这首歌。我想象着在合适的时机为她演奏这首歌，没有出错，也没有忘记任何歌词或棘手的和弦变化。我的脑海中母亲喜悦的表情是如此清晰，以至于我一承诺学习这首歌，就不得不毫不犹豫地向前走。这个过程就像一个精彩的故事，可以娓娓道来。

我一直喜欢冒险故事。这些故事遵循三个部分的经典顺序：开头、中间和结尾。开头是设定或呼吁采取行动，中间是冲突或考验，结尾是成功的解决和庆祝。找到我们的最佳学习状态，实际上就是学习如何编写我们自己的学习冒险故事。我们可以通过把自己想象成自己学习故事中的主人公来找到我们的最佳学习状态，但要颠倒一下——从结局开始。

学习故事的顺序

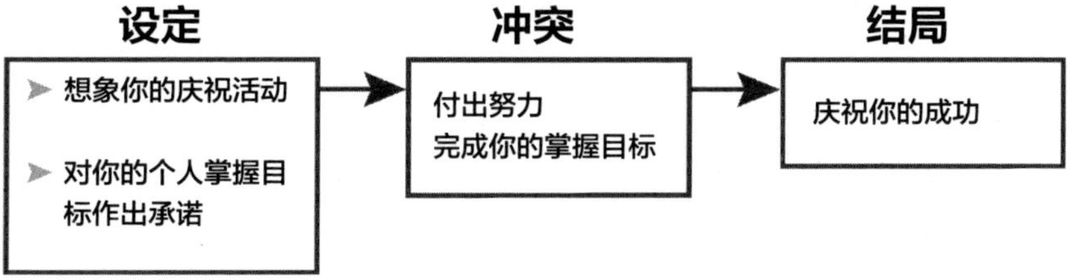

可以考虑让学生写自己的学习冒险故事，让他们以自己为主角。这个过程从学生想象他们的个人掌握目标或他们将如何庆祝自己达到了掌握目标开始。这会激励学生下决心承诺并重新承诺，他们能以一种远远超出自己想象的方式实现个人掌握目标。我以前的许多学生一旦实现了他们的掌握目标，往往会感到惊讶，但这种经历会伴随他们的余生。这个顺序的最后一步是真正庆祝学生成功完成了他们最初设想的学习之旅。庆祝我们的成就感觉很好，但是，它也会建立我们对学习能力的信心，并将我们推向下一个学习挑战。

人类成长和发展的一个明智的策略是学会延迟满足，直到我们的目标实现之后。然而，对于学生来说，在达到掌握目标之前就进行庆祝，往往是很有诱惑力的。屈服于这种诱惑，会剥夺学生学习如何延迟满足的重要机会。反复屈服于这种诱惑会破坏学生的学习故事，并可能导致他们养成与自己讨价还价的习惯，或者甚至"自我贿赂"，即用现在的庆祝来换取未来取得成就的承诺。这些习惯的建设性和有效性要低得多，必须摒弃，这需要付出更多的努力。培养勇气、毅力和自主能力最好通过实践来实现。这就是为什么学习者必须遵循这样的顺序：承诺挑战，通过努力完成挑战，然后庆祝成功。它不仅能增强学生的能力，还能让学生有一种深刻的满足感。

学生们创造的每一个学习冒险故事，都强化他们自己作为故事中心人物的角色，找到并扩大自己的发言权，做出自己的选择，并发展自己的效能感——在这个快乐的地方，学生们会懂得培养情绪思维和认知思维的能力是内在的。随着时间的推移，学生们会意识到，如果他们全身心地投入，就可以学到任何东西。

陈述性和程序性掌握目标

为学生提供所有学习单元的明确的学习目的和成功标准也是至关重要的。但是，这些学习目的和成功标准一般不“属于”学习者；它们通常归教师、课程或教科书所有。当学生只遵循别人的目标和目的时，他们就会习惯于让别人建立目标，然后，他们再去遵循。这样，往往会养成一种依赖的习惯，而不是能力。元学习者已经打破了依赖的习惯，养成了自己设计掌握目标的习惯。为了养成对自己的个人掌握目标作出承诺的元学习习惯，我们首先需要学习如何制定和完善自己的学习目的和成功标准。

个人掌握目标为此提供了一个有效的途径。这些目标是学生用自己掌握的语言为自己制定学习目标。为了发挥最大的作用，个人掌握目标应当尽可能地明确。这有助于学生对一个明确的愿景（要达到的掌握目标看起来是什么样的、听起来是什么样的）作出承诺。

有两种类型的个人掌握目标：陈述性掌握目标和程序性掌握目标。它们反映了两种不同的知识表征形式。当学习者提出并承诺实现陈述性掌握目标时，他们就会明确自己需要获得的概念性理解，以达到个人掌握的目的。例如，理解《权利法案》（*Bill of Rights*）的含义，理解有丝分裂和减数分裂之间的异同，这些都是陈述性知识的例子。陈述性掌握目标反映的是通过使用语言和非语言表达形式（文字、图片，或者文字和图片）的交流来表达的知识。

另一方面，程序性掌握目标反映的是程序性知识，或通过某种行动、策略或程序表达的知识。能够熟练地演奏一首新歌曲、求出X的值或配平一个化学方程式，这些都是程序性知识的例子。当学习者提出并承诺实现程序性掌握目标时，他们就会明了准确而熟练地、不出任何差错或疏漏地完成一个程序或掌握一项技能所必需的能力。

那么，如何帮助学生在课堂上将陈述性掌握目标和程序性掌握目标付诸行动呢？我非常荣幸能与马莲娜·赫伯恩（Marlena Hebern）和乔恩·科里波（Jon Corippo）密切合作，他们是《教育协议现场指南》（*The EduProtocols Field Guide*）系列书籍的作者，他们开发了一套非常棒的学习支架，称为“教育协议”（EduProtocols）。“教育协议”是数字框架工具，可以引导学习者进行各方面的学习，包括个人学习和集体学习。例如，在“草图与说明教育协议”（the Sketch and Tell

EduProtocols）中，学习者可以使用谷歌工作区[①]中的绘图和文本工具来表达自己。学生首先可以勾勒出一个想法、概念或过程，然后，用这幅草图作为提示，来解释他们如何看待这个想法或过程。当学生们观看、阅读和评论彼此的“草图与说明”（Sketch and Tell）幻灯片时，神奇的事情就会发生。

在马莲娜·赫伯恩和乔恩·科里波的许可下，我重新调整了“草图与说明”的用途，以帮助学习者养成制定个人掌握目标，并承诺实现个人掌握目标的习惯。这一切都从想象故事的结局开始。以下是它的操作流程：让学生想一个他们要承诺实现的个人掌握目标。它可以是任何类型的掌握性挑战——认知类的、情感类的、体育类的、艺术类的、音乐类的。如果这个掌握性挑战反映的是陈述性知识，就让学生使用以下句子模板，引导他们写出自己的个人掌握目标陈述：

> 我承诺理解____________，以便我能够解释、示范和证明我的理解，而不出现任何差错或疏漏。

如果学生的个人掌握性挑战反映的是程序性知识，就让他们使用以下句子模板，引导他们写出自己的个人掌握目标承诺：

---

① 谷歌工作区（Google Workspace）是谷歌提供的一款云计算生产力和深度集成式工作区软件，具备多设备管理功能。它包含Gmail、日历、云端硬盘、文档、表格、幻灯片、聊天以及更多广受欢迎的网上应用。——译者注

我承诺能够__________，以便我可以展示、示范和交流我的掌握情况，而不出现任何差错或疏漏。

你或你的学生可以使用“草图与说明”模板，画出并解释他们个人掌握目标的各个方面。“草图与说明”模板顶部的文本框为学生提供了一个书写实现个人掌握目标承诺的地方。模板左侧的草图区提供了绘画的空间，学生可以在此使用谷歌工作区的工具勾勒出他们的个人掌握目标是什么，甚至当他们达到了掌握目标时，会怎样庆祝他们的成功。随后在右侧的说明区，学生将使用他们自己的描述性语言来解释他们的草图。可以考虑让学生阅读和评论彼此的“草图与说明”幻灯片，以促进思想的相互交流。

承诺者的草图与说明

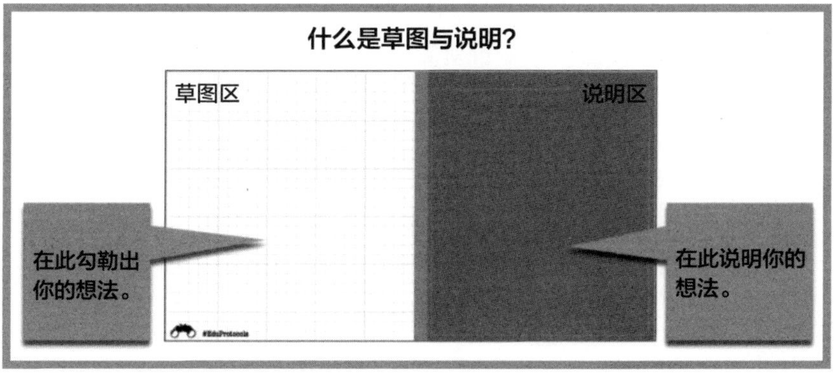

使用这个工具来制定学生的个人掌握目标策略，直到你觉得不再需要它。通过训练，制定个人掌握目标，并承诺实现个人掌握目标、以终为始，以目的为出发点的策略将成为一种元学习习惯，有助于学生开始寻找他们的最佳学习状态。

你自己做一下可能也会有帮助。想一个你要应对的困难挑战，它可以是任何类型的挑战——体育类的、艺术类的、音乐类的、认知类的、情感类的等等。你的个人掌握目标是什么？当你达到这个目标时会是什么样子？你会怎么庆祝？

测量你的最佳状态

评估新策略的影响是一个强有力的、可持续的做法，有助于将这些策略转化为个人的学习习惯。可以考虑使用这个量表，来帮助学生测量他们的最佳学习状态。这是一个简单但非常有效的李克特三级量表，通常用于社会科学评价研究方法。这三点是：1.开始，2.发展，3.掌握。

最佳状态量表

掌握程度得分	指标
3	掌握：我正在灵活而有意识地实施这个策略，以培养我的“最佳状态”
2	发展：我接近于灵活而有意识地实施这个策略，以培养我的“最佳状态”
1	开始：我决心实施这个策略，以培养我的“最佳状态”

引导性问题

元习惯1：对个人掌握目标作出承诺

这些引导性问题将帮助你整理思路，制定行动计划。然后，与你的学生分享这些工具，以便他们能够开始测量自己的状态。

关于对个人掌握目标作出承诺的习惯：

1. 你目前处于掌握程度量表上的哪一级？

2. 你想达到掌握程度量表上的哪一级？

3. 你要怎么做才能达到这一级？

4. 你怎么知道你何时会达到这一级？

5.你将如何向他人表达和展示你达到了这一级？

小结

做出个人承诺需要有勇气和天赋。它就像对自己发起的号角，召唤我们行动起来。这就是为什么养成承诺实现自己制定的掌握目标的习惯是找到最佳学习状态的第一步。下一步是采取行动，使承诺成为现实。在下一章中，我们将探索第二个元学习习惯，即管理和调动我们的内在资源，使我们离找到最佳学习状态更近一步。

第3章
养成自我调节的习惯

自由源于自律。

——亚里士多德（Aristotle）

呼吸训练

在我们开始之前，我想让你做一个任何人都可以做的简单练习：

请坐直，闭上眼睛，做几次深呼吸，专注于你的横膈膜——位于肺部下方控制呼吸的圆顶形肌肉。你会注意到，你的胃随着每次吸气而扩张，随着每次呼气而收缩。这是件好事。这种类型的呼吸被称为横膈膜呼吸或腹式呼吸。当你的肺通过腹式呼吸得到更充分的扩张时，你会吸入更多的氧气。

现在我想让你用一种特定的模式做一系列深呼吸。吸气数到四，屏住呼吸数到四，然后，呼气数到六。暂停一下，然后重复。这个模式很重要：四进，四守，六出。现在闭上眼睛，花几分钟时间找到理想的呼吸节奏，然后，再阅读下一节。

坚持下去

约翰·列侬让演奏音乐看起来很简单——然而，事实并非如此。我对自己承诺要学习如何用我父亲的吉他演奏《想象》而感到兴奋不已，但是，我了解到这个过程既不简单也不轻松。起初，按准和弦的位置就是个很新奇的挑战。弯曲手指，摆出各种指型，让我感觉很别扭，很不自然。我的手指经常会按在错误的琴弦上，发出刺耳的嗡嗡声。我还会把一个和弦的指型误认为是另一个，这很烦人。我犯了很多错误。我的情绪很快就会陷入消极的状态。尽管我并没有获得多少乐趣，但是，由于我做出了承诺，我还是咬紧牙关，加倍努力，坚持了下来。我的进步很慢，很容易分心，中断演奏。如果我无法专注，几天不练，就会迷失方向。这可不好。

我确定，如果我真的想学习怎么弹吉他，就需要一个更有效的方法。我开始更好地管理自己的时间，制定了一个安排家务事和家庭作业的计划。为了实现个人目标，我开始花更少的时间跟朋友们闲逛，以确保自己每天都能进行必要的练习。尽管我还没有彻底想清楚，但是，我确确实实开始践行自律的策略了。

自律这个概念对我来说是全新的。在学校里，行为准则通常是我的老师或教练强加给我的，而不是我自己寻找的。甚至“行为准则”这个词也有与惩罚相关的负面含义——要么是对行为不端的纪律处分，要么是某种强制活动，比如，因为篮球训练迟到而跑圈。事实上，我已经学会了努力避免受罚的习惯。

但是，这种行为准则完全不同。我选择腾出时间来学习我热衷的事情。我发现，这种体验自由自在。我认识到，建立自己的练习习惯，让我感到更舒服，更能控制自己，在某种程度上也能控制我的环境。在那个漫长的夏天里，我突然意识到，每天练习吉他这个简单的行为准则给予了我某种自由，使我摆脱了那些阻碍我实现个人目标的干扰。

大约在那个时候，我看到了美国公共广播公司（PBS）的一个特别节目，讲述了一群亚洲僧侣可以通过控制呼吸来改变心率或提高体温。看着那些大师们盘腿坐在冰冷洞穴里的地板上，身上披着湿床单，我很着迷。几分钟内，蒸汽就会从他们的肩膀上升起，然后，他们的师傅会把床单取下来，展示床单已经被身体的热量完全烘干了！这些僧侣练习的是一种呼吸调节，他们称之为“内火冥想”。

如果他们能够忍受这样的极端情况，我想知道我是否能做到控制呼吸。我模仿僧侣们做几次深呼吸，让自己集中注意力，然后，开始练习吉他，一练就是几个小时，经常一直练到晚上。每当我动摇的时候，就停下来，开始进行呼吸练习，以获得一种平静的感觉。这是我第一次推迟了对即时满足的需求。我愿意把我的努力投入到现在，以期有一个更美好的未来。这感觉就像我把钱存入了个人银行账户，将来有一天会分红。

监控自己的进展也让我感到非常满意。我看得出来，自己在和弦的形成和转换上花的时间和精力更少了。当我加大努力时，就会取得进展，我的情绪也开始回归积极的状态。我有一种独特的感觉，感到自己暗自下定了决心。夏天结束的时候，我给我母亲弹唱了《想象》，全程没有出现任何差错或疏漏。在我弹唱完的时候，母亲为我鼓掌，她拥抱了我，眼睛里涌出了泪水。

我从未有过如此令人满意的感觉。作为一名学习者，坚持完成一件事让我充满信心。但是，不知何故，旅程对我来说和目的地同样重要。学会调节自己的情绪和努力程度也很有成就感。我很惊讶地体验到了一种新的自我控制感。我开始将这种新的训练方法运用于我的学习生活的其他方面。我开始在科学课和数学课上采用更严格的方法。作为一名运动员，举重、跑步，我也变得更加自律。我从高中开始就以一种全新的"我能行"的姿态跑越野。我养成了监控和调节自己的情绪状态、努力程度以及掌握目标的进展程度的习惯。

为什么要学会自我调节?

虽然我以前以为自律是来自外部的东西，但是，当我学会弹吉他的时候，我对自律的认识有所发展，我认为自律包含了某种存在于自己内心的东西。来自内部的自律，远比来自外部的约束更持久。

在我的音乐旅程中，在管理自己的感受和努力程度的过程中，我培养了更强的自我意识和自控意识。可以合理地认为，这实际上是社会情感学习的目标：培养和提高学生监控、调节和更多地控制他们的情绪状态的先天能力。社会情感学习是培养自我意识、自我决定和自我实现的手段，但自我调节才是目的。正是通过自我调节，我们才能达到并保持平和的心态——一种放松性警觉状态，在这种状态下，我们的高潮不会太高，低谷也不会太低。这就是为什么自我调节是我们在寻找最佳学习状态的过程中需要培养的第二个元学习习惯。

自我调节属于现代学校和学校教育的范畴。可是，学校教育的过程往往过于关注认知发展，而不是社会情感发展。部分原因是学校在衡量满足感、愉悦感和幸福感等方面存在困难。然而，越来越多的研究有力地表明，幸福感确实可以由个人和整个学习系统来解释、理解、观察和测量。

培养我们的情绪思维和认知思维

监控和调节我们的情绪和努力程度的过程可以培养我们的情绪思维。找到最佳学习状态的核心是认识到我们可以控制自己的自我概念和效能感。虽然人类的大脑是已知宇宙中最巧妙、最复杂的器官，但是，它也可能表现得像一个任性的孩子一样，需要讲述自己所有的经历。那么，我们要做些什么才能让我们的大脑表现得更好呢？

我在本章开头分享的呼吸练习是一种自我调节的练习，我建议你将它融入课堂和日常生活中。这种练习通过将注意力从分散的外部刺激转移到计数顺序上来，进而培养认知思维。有节奏的呼吸练习让大脑的内部叙述者安静下来，让你专注于当下的呼吸，从而培养你的情绪思维。通过呼吸调节达到并保持这种放松性的警觉状态会带来巨大的好处。最近的证据有力地表明，在细胞层面，像这样的正念练习对学习能力、幸福感——甚至健康和寿命都有深远的影响。

有意识的呼吸训练也能培养认知思维。它可以调节人脑中一个微小但极其重要的结构，即杏仁核。了解如何调节你的杏仁核对找到你的最佳学习状态至关重要。

这里是另一个简单但有用的模型：想象你的大脑就像中央车站，站长按照列车时刻表严格地控制着从不同目的地快速进出的列车流。杏仁核不是火车和人流的控制者，而是大脑的站长，是氧气、葡萄糖和神经化学物质流向大脑不同部位的控制者。

当我们感到不确定、恐惧或焦虑的时候，我们的威胁传感器会向杏仁核发出警告信号。杏仁核就像一名能干的站长一样，会立即将氧气和营养物质的流向重新导向我们大脑中被称为R-复合体的区域。R-复合体，有时被称为爬行动物复合体，是人类大脑中最古老的部分，专注于确保我们的生存。当R-复合体接收到来自杏仁核的威胁信号时，它会刺激我们的肾上腺和神经系统产生肾上腺素和皮质醇。这种强大的神经化学混合物会引发一种急性应激反应，也就是所谓的战斗或逃跑反应。我们的呼吸突然变得更快、更浅，我们的体温上升，心跳加速，这是因为我们非凡的大脑正准备让我们的身体对抗或逃避这种压力的来源。战斗或逃跑反应会阻断氧气和葡萄糖流向我们的前额叶皮层，这是高阶思维和学习的区域。随着反复接触压力事件，我们开始经历慢性焦虑。这可不好。除了明显的生理、心理和情绪上的伤害外，这种不快乐的状态还会使我们的前额叶皮层处于饥饿状态，并大大降低我们的元学习能力。

然而，认知科学、大脑研究和积极心理学领域的最新突破证实了瑜伽修行者几千年来的认知：人类有能力通过横膈膜或瑜伽呼吸控制训练来控制我们的杏仁核。临床研究证据表明，有节奏的深度瑜伽呼吸不仅可以减少战斗或逃跑反应，而且也可以降低血压、减缓心率、降低大脑中的皮质醇水平，还能增加血液中的溶氧量。事实上，瑜伽呼吸似乎能逐渐提高与幸福感和愉悦感相关的四种大脑化学物质的水平：多巴胺、血清素、催产素和内啡肽。

调节情绪状态、努力程度和进展程度

各种证据表明，通过有意识、有规律的呼吸过程，人类可以更好地控制杏仁核。我强烈建议将学校里的每日集中呼吸练习作为社会情感学习活动的一个组成部分。学习如何调节呼吸是调节情绪思维和认知思维的一个途径。它既简单又是免费的，而且任何人在任何地方都可以进行。找到我们的最佳学习状态是达到和保持放松性警觉状态的一个函数。

我曾与多所学校合作，引入呼吸调节练习，效果显著。那些学校都为生活在贫困线以下的高需求学生群体提供服务，他们主要是英语语言学习者。此外，他们中有很大一部分人“流动性很强”，因为他们在一学年内至少会搬迁两次居住地。在短短几个月内，那些学校在学生的自控意识、对自身学习能力的信心以及对学校社区的归属感等方面都取得了实质性的进步。

研究文献有力地表明，反馈不仅对学习至关重要，而且应用自我生成的反馈进行自我调节会使学习能力大幅提高。元学习者可以通过自我生成的及时反馈回路来养成不断监控和调节自己的情绪状态、努力程度和进展程度的习惯。

根据经典反馈理论，反馈是一个连续的循环，需要五样东西：信源、信号、处理系统、输出源和将信号返回原始信源的反馈回路。

基于经典反馈理论的信号产生模型

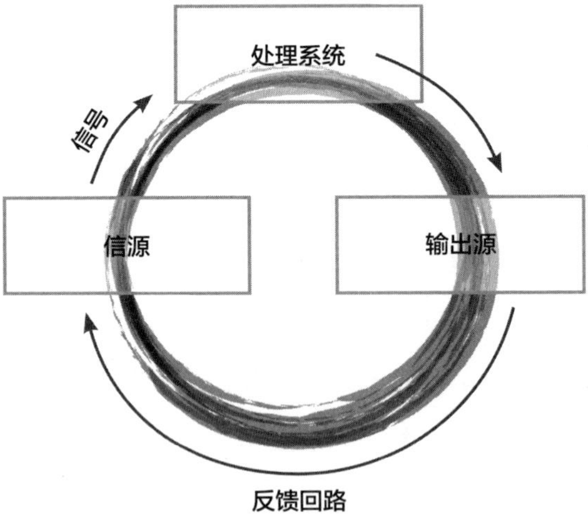

著名教育研究者约翰·哈蒂（John Hattie）断言，提高学习反馈的质量和数量也许是优化学习成绩的唯一一个最有效的策略。重要的是

要记住，哈蒂的研究表明，这个学习反馈的来源不是学习者本身，而是其他人。然而，来自外部的学习反馈有可能包含解释性错误和偏见。例如，学科领域的专业知识和对新手错误的同情之间存在着反比关系。作为一名大学先修课程（AP课程）[①]生物学教师，我在学科领域的专业知识比我的学生丰富得多，因此，我往往带有一种隐性的“专业偏见”。因为我对这个学科领域非常精通，所以，要理解甚至包容新手的失误或错误是很困难的。这种隐性的偏见有可能影响我给学生的反馈。

外部反馈信号——如终结性甚至形成性评价的分数——通常也是在学习时间结束几天或几周后到达学习者手中，这种“滞后”的反馈对提高学习成绩的作用不大。这不好。更糟糕的是，如果外部反馈是学习者收到的唯一一种学习反馈，那么，他或她就更有可能习惯于让别人告知他们自己当前和未来的学习表现。

跟踪学生的学习进展是（并且应该是）由接受过观察和测量学生学习行为培训的教师来完成。但是，为了达到最佳学习状态，我建议，这个过程必须由学习者自己掌握，而不是让他们等待老师告诉他们自己的学习进展。我的科学课上的学生非常喜欢跟踪自己的学习进展，并亲眼看到自己的收获。当学习者采用提高自我评价能力的策略时，这不仅是高度授权，而且对他们的学习成绩也有显著的积极影响。自我评价策略有助于学生明确学习目的以及他们距离学习目的还有多远，

① AP课程是英文Advanced Placement的缩写，中文一般为美国大学先修课程或美国大学预修课程。指由美国大学理事会提供的在高中授课的大学课程和考试。AP课程的内容与大学相应科目入门课程的内容约同。——译者注

并有助于他们确定缩小这个差距的具体策略。

元学习者已经学会了如何摒弃依赖外部反馈的习惯，养成了生成自己的反馈回路的习惯，以优化他们的学习成绩。人类的大脑是为生存而设计的。既然学习是生存的一个函数，那么，我们就可以说，人类学习者完全有能力在训练和指导下生成自己的反馈回路，从而更好地了解自己在实现个人掌握目标方面的进展。找到我们的最佳学习状态就是在恰当的时机从合适的信源生成正确的信号的一个函数。

要达到最佳学习状态，实际上就是要提高我们对学习成绩的三个主要指标（情绪状态、努力程度和进展程度）的调节能力。这三个主要指标成为自我生成的“信号”，元学习者在持续的反馈回路中监控和跟踪这些信号。这将目前学校里普遍存在的反馈模式完全翻转过来，促使学习能力大幅提升，这种学习能力不仅是可持续的，而且似乎随着时间的推移而逐渐增强。我的科学课上的学生在跟踪和监控他们在其他课程中的进展方面也变得相当老练。制定观察、跟踪和调节我们的情绪状态、努力程度和进展程度的策略具有内在的激励作用。就其本身而言，这是值得做的。

如何进行自我调节？

自我调节的第一步是相信我们确实可以控制自己的情绪状态、努力程度以及通过努力取得的进展。调节我们的情绪状态、努力程度和进展程度，就像在高品质的音响系统上调节低音、中音和高音旋钮一样。学生天生有能力调节他们的学习状态，使其在学习旅程的每个阶段都达到合适的水平。

第二步是停下来反思我们的情绪状态、努力程度和进展程度，并使用简单的三级量表，即好（3）、一般（2）或差（1），对它们进行衡量。（这种类型的量表通常用于社会科学研究，观察和量化一系列复杂但可观察的行为。）我们在这样的量表中所使用的语言需要与学习者的年龄和反应相适应。例如，对初级学习者来说，使用较少的文字和较多的图片效果会更好。

第三步是在不同的时间尝试一系列不同的调节策略，以更好地调节你的情绪状态、努力程度和进展程度。我们在本章开头练习的集中呼吸练习就是一种帮助我们恢复情绪平衡和平静的有效策略，想象你在完成个人掌握目标时的庆祝活动是另一个有效策略。同样重要的是，学生要有充足的睡眠、运动、玩耍和适当的营养，因为这些因素对学习成绩有着深远的积极影响。在整个掌握性学习的过程中，我们可以应用的策略类型或组合没有任何已知的限制。

关键是要把这整个过程看作是一系列的反馈回路，其中我们是信号的来源。这三个关键的自我导向学习反馈回路将有助于你了解哪种调节策略的组合最能帮助你实现所承诺的目标。

尽管人类情感的范围相当广泛、复杂和多变，但是，停下来观察我们内在的情绪状态会让我们感受到的任何情绪都暂停下来。一次短暂的反思可以使我们脱离情绪的触发点，降低情绪的“音量控制”，让我们在当下专注于观察和量化这种感觉，并为快速实施调节策略创造机会。例如，你现在的情绪状态处于哪一级？是第一级（差）吗？如果是，尝试实施呼吸策略，以达到第二级（一般）。如果是处于第二级，尝试实施呼吸策略，并对你的个人掌握目标重新作出承诺，以达到第三级（好）。

情绪状态调节流程图

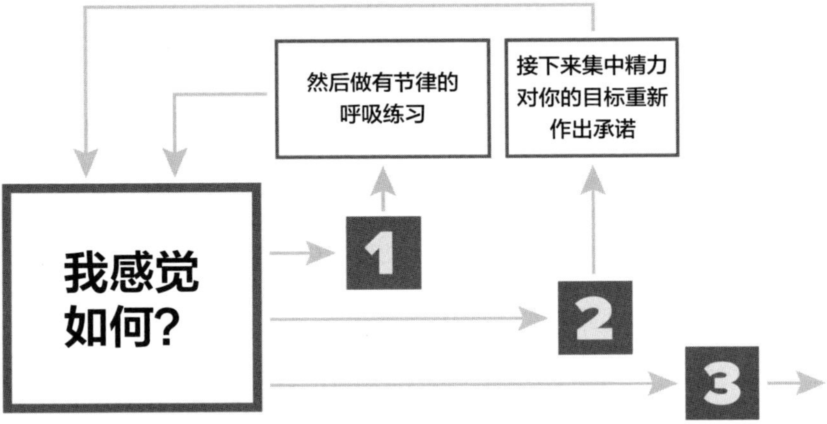

道家超越人类经验的四大核心精髓是：返璞归真、虚极静笃、顺其自然、和谐共处。此外，还有一种调节情绪状态的五步法，它将横膈膜呼吸法与基于这四项古老原则的自我情绪内省分析相结合，非常有效，可以帮助学生更充分地体验和了解他们的情绪状态、情绪触发因素以及更好地实施自我调节控制的策略。只要有意向性，这就会帮助学生更有意识地将他们的情绪状态从第一级（差）转移到第三级（好）。具体步骤如下：

1.观察它：花点儿时间观察你当下的情绪状态。

2.识别它：识别这种情绪是什么，并给它贴上标签。

3.拥有它：对有这种感觉负全责，因为它完全是你自己的。

4.体验它：充分考虑这种情绪的开始、中间和结束。

5.释放它：让它随风而去，想象这种感觉现在正在远离你。

在具有挑战性的学习体验中，学生想中途退出是很常见的。这时候是让学生进行以下练习的好时机。让你的学生花点时间反思这个问题："你感觉如何？"如果他们感觉处于第一级（差），那么，就让他们尝试实施有节律的呼吸练习和情绪调节五步法，以达到第二级。如果他们处于第二级（一般），那么，就让他们尝试实施呼吸策略，并想象自己庆祝学习目标的实现。

如果学生感觉达到了第三级（好），那么，他们就可以进入下一个问题："我现在的努力程度如何？"这是一种更精确的方式，用来询问学生为实现他们的掌握目标付出了多少努力。将这个想法再次分解成三个不同的层次，有助于为更好的自我反思提供指导。例如，他们是否处于第一级（差）？如果是，就让他们尝试实施呼吸策略，以达到第二级（一般）。如果他们处于第二级，就让他们尝试实施呼吸策略，并想象自己实现了所承诺的目标，以达到第三级（好）。让学生尝试使用这种强大的可视化策略，激励他们把努力程度提高到合适的等级。

努力程度调节流程图

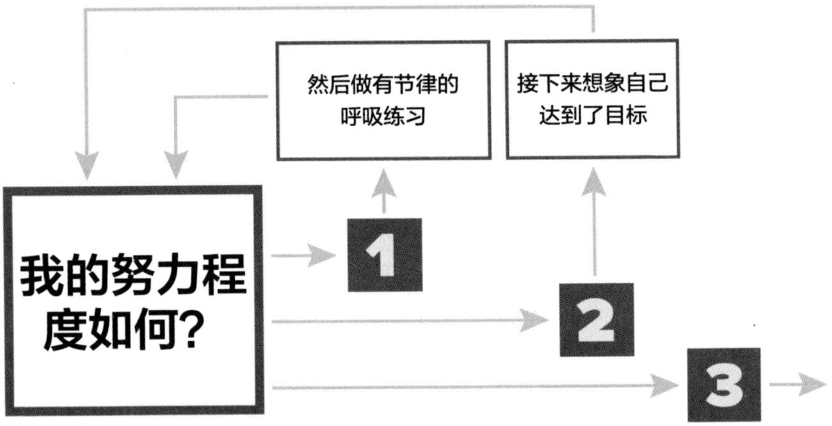

如果学生的努力程度达到了第三级，就引导他们问自己："调节情绪状态和努力程度后取得了什么进展？"如果他们的努力程度处于第一级，那么，他们的学习之旅才刚刚开始，还做不到不出任何差错或疏漏地展示、交流和示范他们的理解。他们可以运用什么学习策略来达到第二级呢？如果他们的努力程度处于第二级，那么，他们就近乎可以不出任何差错或疏漏地充分展示、交流和示范自己的理解。他们该如何修改自己正在使用的学习策略，或者可以应用什么新策略来弥补最后的差距，以达到第三级？如果他们达到了第三级，那么，他们就可以交流、展示和示范自己的理解，而不出现任何关键性错误或疏漏。这时就是庆祝他们熟练掌握的时候了。

进展程度调节流程图

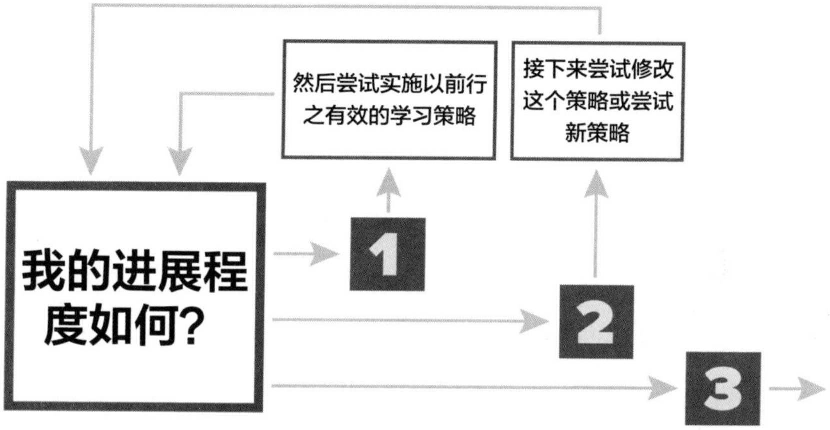

最后一步是学习如何在合适的时机运用恰当的策略来实现你承诺的目标。这需要时间和充足的机会来反思学习策略。实际上，这对学生与同学讨论和分享他们所应用的学习策略也很有帮助。一旦学生认识到可以控制这三种掌握指标，他们就可以学会调节它们，为自己找到合适的等级——不要太高，不要太低，而是恰到好处。随着时间的推移和严格的练习，这些策略将成为自我调节的有效元学习习惯。

马加纳掌握程度跟踪图表

马加纳掌握程度跟踪图表（The Magana Mastery Tracker）是一款免费的工具，可以在学生制定自我调节策略时为他们提供支架或指导。同样，这需要时间、持续的练习和大量的机会来与同学们讨论他们的目标和使用的策略。随着时间的推移，他们将学会如何通过使用马加

马加纳掌握程度跟踪图表

学生	老师	课程	起始日期	结束日期
乔伊 · 罗曼尼（Joey Romane）	格拉登科小姐（Miss. Gradenko）	音乐理论	7月1日	7月7日
掌握目标：我将能够全程演奏《爆发》（*Eruption*），不出现任何差错或疏漏。				
我为实现掌握目标要采取的措施：每段分节，放慢节奏，定期进行小组和独奏练习。				

进展程度	1 还没有掌握	2 近乎掌握	3 掌握
努力程度	1 还没有竭尽全力	2 近乎竭尽全力	3 竭尽全力
感受程度	1 还没有感觉很棒	2 近乎感觉很棒	3 感觉很棒

日期	进展程度	努力程度	感受程度	反思
7月1日	1	2	3	我不能展示这项技能，我感到很沮丧！
7月2日	2	2	1	呀！还要付出更多的努力才能掌握它！
7月3日	1	3	1	呀！还要付出更多的努力才能掌握它！
7月4日	2	3	1	我觉得我已经开始理解了，但仍需更加努力！
7月5日	2	3	2	我真的很努力，但一直犯同样的错误！
7月6日	2.5	2	3	我理解得更多了，犯的错误更少了！
7月7日	3	1	3	我完全理解了，能够解释我的想法，而且没有差错！

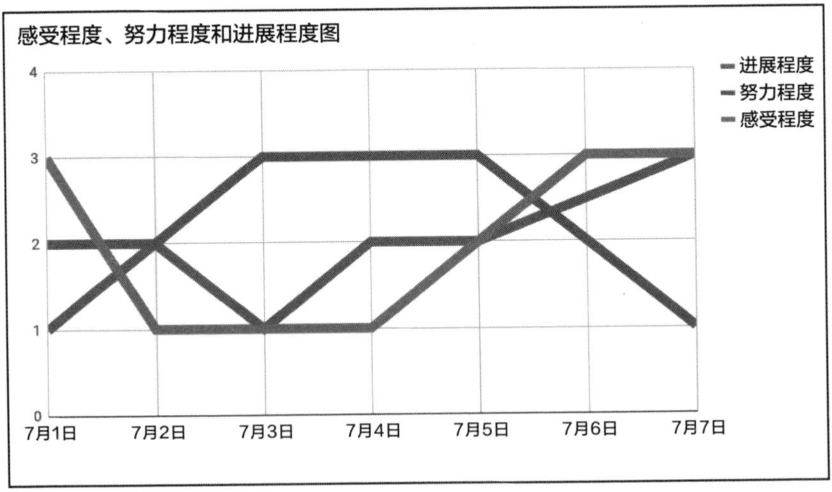

纳掌握程度跟踪图表所获得的自我生成反馈来微调掌握程度的三个主要指标的数值。这有助于学生找到他们的最佳学习状态。

让学生填写他们的基本情况、个人掌握目标以及为实现目标要采取的措施。然后注意这三个衡量标准：感受程度、努力程度和进展程度。让学生在表格里填好日期和自己目前达到的程度数值，3表示高，2表示中等，1表示低。要求学生使用反思栏中的单元格快速记录，捕捉他们经历的顿悟时刻。还有更适合小学阶段学习者的马加纳小学版掌握程度跟踪图表，配有适合儿童的图形。

马加纳掌握程度跟踪图表允许你生成反馈回路，以便更好地监控你的情绪状态、努力程度和进展程度。这个图表将展示你独特的学习故事。你也会开始注意到元学习者常见的模式：当你第一次开始某个掌握性学习之旅时，随着你参与更深层次、更具挑战性的学习，你的情绪状态会开始低落到消极的状态。这时，人最容易变得沮丧、焦虑，甚至是愤怒。你会注意到你的感受程度会下降到第一级。你会希望直接放弃，逃避挑战。但是，如果你学会调整你的努力程度，把它提高到第三级，你就会体验到延迟满足带来的自由。当学习变得困难时，你会更有能力坚持完成困难的学习任务，然后你达到掌握后的庆祝活动也会感觉更甜美。

你将开始以崭新而有效的方式更好地控制你的进展程度。你会注意到，你应对个人挑战的途径将变得更加明确，你的目标似乎更容易实现。你会对达到目标充满希望，更加精力充沛地投身到你的旅程中。

马加纳小学版掌握程度跟踪图表

学生	老师	课程	起始日期	结束日期
伊基·波普（Iggy Pop）	卡洛斯·桑塔纳（Carlos Santana）	尤克里里	3月1日	3月9日
掌握目标：演奏《一闪一闪小星星》，不出现任何错误。				
我为实现掌握目标要采取的措施：每天练习20分钟。				

进展程度	1	2	3
努力程度	1	2	3
感受程度	1	2	3

日期	进展程度	努力程度	感受程度	反思
星期一	1	1	2	我得练习指位。
星期二	1	1	1	我认为我能做到。
星期三	1	1	1	我得更加努力。
星期四	2	3	1	我还没有进步。
星期五	2	3	2	我开始有进步。
星期一	2	3	2	我有更大的进步！
星期二	3	3	2	
星期三	3	1	3	
星期四	3	1	4	
星期五				

句子开头：

- 我的进展程度是 ______________________
- 我尝试了 ______________________
- 我感觉 ______________________
- 我知道我能 ______________________

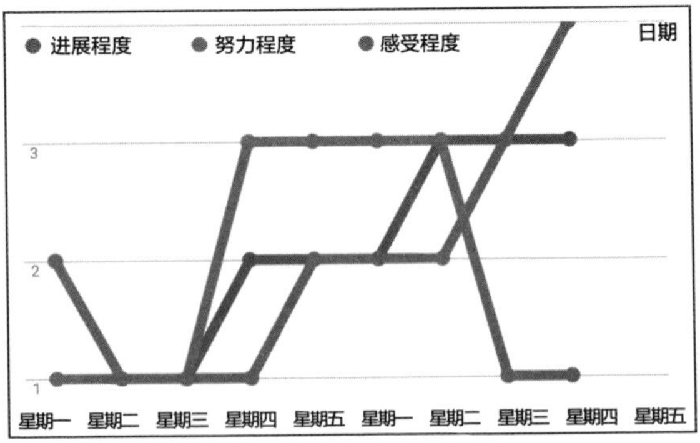

你那神奇的大脑会感觉到你的个人掌握目标越来越近，它会释放出大量的多巴胺，让你对自己的进展感觉更好，并让你保持正轨。你现在痛快、尽兴了，感觉好极了。很显然，你会从体验你的感受程度、努力程度（你现在对它们有了更多的控制）以及你将取得的快速进展之间的直接因果关系中受益。你付出的努力越多，你的进展就越快。

当你最终达到掌握时，你会体验到另一种奇妙的关系：你不仅会感觉很好，而且还会看到你付出的努力会显著减少。这是元学习的自然结果：当你建立新的神经学习路径时，维持你的掌握水平所需的努力会越来越少。从马加纳掌握程度跟踪图表中可见，这些关系提供了一个强大的反馈回路，它将有助于你扩大并保持丰富的词汇量，这些词汇量适用于你的自我调节策略。

感受程度、努力程度和进展程度之间的因果关系

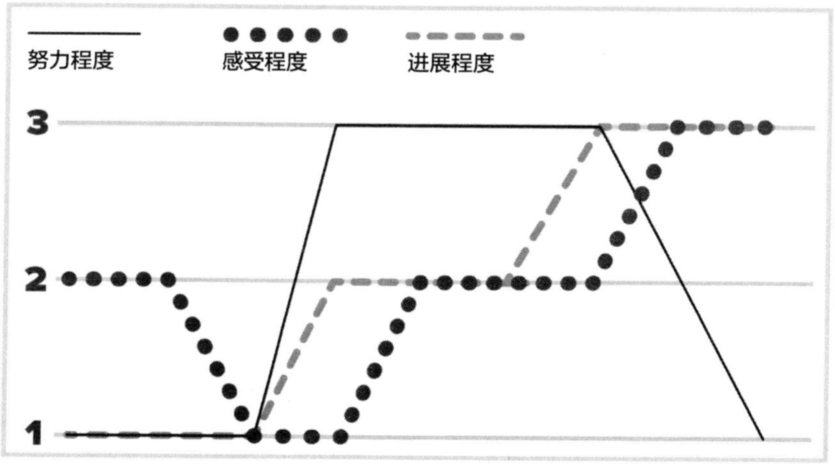

测量你的最佳状态

最佳状态量表

掌握程度得分	指标
3	掌握：我正在灵活而有意识地实施这个策略，以培养我的“最佳状态”。
2	发展：我接近于灵活而有意识地实施这个策略，以培养我的“最佳状态”。
1	开始：我决心实施这个策略，以培养我的“最佳状态”。

继续使用元学习日记来帮助你跟踪和监控每个元学习策略，直到它成为一种习惯。可以考虑将草图、图表、流程图和叙述性文字结合起来。使用这些引导性问题来帮助你整理思路，并在你的行动计划中对它们作出承诺。

引导性问题

元习惯2：自我调节

关于自我调节的习惯：

1. 你目前处于最佳状态量表上的哪一级？

2. 你想达到最佳状态量表上的哪一级？

3. 你要怎么做才能达到这一级？

4. 你怎么知道你何时会达到这一级？

5. 你将如何向他人表达和展示你达到了这一级？

小 结

培养自我调节的习惯需要时间、有意识的练习和明确的反馈。当我们认识到我们可以控制自己的情绪状态、努力程度和进展程度时，这也是完全赋权。随着时间的推移和严格的练习，这些策略将成为一个强大的元学习习惯。

如果像亚里士多德教导我们的那样，自由源于自律，那就通过自律获得自由吧。自我调节的元学习习惯将成为你养成第三个元学习习惯的跳板：利用过去的知识作为未来学习的基石。在下一章中，我们将探讨在寻找最佳学习状态的过程中养成这种习惯的原因、内容和方法。

第4章 养成利用先验知识的习惯

自我并非现成之物，而是借由行为抉择不断塑造而成的。

——约翰·杜威（John Dewey）

教育研究者和哲学家约翰·杜威教导我们，我们都在进步中成长。我们处于一种持续变化的状态，这种状态源于我们过去和现在的全部经验。杜威的连续性原则指出，我们以前的所有经验都会被延续下来，对现在和未来的经验及决策产生影响。我们过去的学习经验对我们现在和未来的学习有着无可争议的影响，这一观点乍一看可能令人望而生畏，甚至令人沮丧，对于缺乏广泛的知识和经验、被剥夺了权利或被边缘化的学习者来说，尤其如此。

然而，建立在约翰·杜威影响深远的研究基础上的研究强烈地表明，情况并非如此。有付出关爱、高效的教师，加上有利于学习优化的学习环境，能够对学生的生活产生强大而持久的影响。人类完全有能力弥补过去的不足，我们可以从中学习，将这些不足转化为优势。找到最佳学习状态的下一个关键是养成这样的习惯，即深入反思，并利用过去的知识作为解决当前和未来学习问题的工具。

建立联系

学习如何演奏《想象》，帮助我熟练地从C和弦转换到C大调七和弦、F和弦、G和弦，然后再回到C和弦。我经常练习这种和弦转换模式，以至于形成了一种肌肉记忆，无需用眼盯着手指，我就能以高度自动化的方式弹出这三个和弦，指法行云流水。随着时间的推移，通过改变练习方式，我掌握了这三个基础和弦。

接下来是一个奇特而令人惊喜的发现：原来我还可以用同样的和弦演奏很多其他的歌曲，包括那首可能是披头士乐队（The Beatles）翻唱过的最流行的歌曲《摇摆和尖叫》（*Twist and Shout*）。对这首歌，我烂熟于心，所以，我只需要学习这首歌的快节奏拨弦模式。就这样，我又多了一首演奏曲目。

这个和弦模式触发了我过去的一段音乐记忆。有一首歌曲的片段一直在我的脑海中回荡，那熟悉的声音一直在我耳边萦绕，可是，我就是无法明确地说出它是什么。后来，在一个老式广播电台里，我听到了我一直在寻找的声音：那是里奇·瓦伦斯（Ritchie Valens）的《拉班巴》（*La Bamba*）。我惊讶地发现，这首歌可以用与《想象》完全相同的和弦——C、F和G来演奏，只是节奏不同，所以，我必须学习节奏更快的拨弦模式和经典的前奏乐段。

一个有趣的和弦转换模式开始出现了。我最喜欢的许多摇滚歌曲似乎都是循环唱的或者是按照音调顺序唱的，我开始将其视为“循环”。我开始把我最喜欢的音乐类型中的几十首新歌归入C—F—G循环。后来，我发现了更有趣的事情：如果我颠倒顺序——从G开始，然后到F，再到C，最后，在根音G上完成这一循环，就可以弹出完全不同的歌曲。我应用了这个新的和弦转换模式，就这样，我学会了如何弹奏史蒂夫·米勒（Steve Miller）的《拿钱跑路》（*Take the Money and Run*）和鲍勃·西格（Bob Seger）的经典曲目《夜行》（*Night Moves*）。我开始注意新类别中的歌曲之间的异同。

我学会了如何弹奏前三个和弦后，再学新的和弦就更快了。这些和弦似乎就像积木一样，我可以把它们堆叠在一起，学习不同调式的歌曲循环。我的耳朵、眼睛和手指开始接触新的、更复杂的和弦。随着时间的推移，我学会了弹奏所有的吉他和弦（大和弦与小和弦），随着知识的增长，我的演奏曲目也越来越多。我逐步建立起知识基础，利用它学习和弦结构及新曲。我有意地加强我的知识基础，这出人意料地加速了我的学习。每当我学会一个新的和弦、乐句或歌曲时，我就会反思这个新学到的东西与我已知的东西相比如何。学得越多，我的知识就越深，这反过来又使我能够更快地学习新东西。

我开始写歌曲日记，记录下我能演奏的所有歌曲。很快就写了几十首歌曲，可以当作参考指南用。这就像为我打开了闸门。我需要一种方法来整理我不断增加的歌曲列表，所以，我开始根据曲风对我学过的歌曲进行分类：古典摇滚、南方摇滚、民谣、布鲁斯、乡村音乐。这种组织模式帮助我更好地理解和欣赏每个类别内和各类别之间的特定音调模式。我写在歌曲日记里的每一首歌都像是一块学习的跳板，让我开始学习有关音乐方面的新东西，特别是吉他演奏。探索如何发展和应用我的模式意识是一项重要的学习技能，它使我能够涉足新的音乐类型，通过学习常见的模式能演奏它们。

现在，我已经开始行动了。我知道我可以按任何顺序弹奏任何和弦，而且我相信我可以利用这些不断增长的基础知识来学习任何歌曲。这只是一个投入时间和精力的问题。我的自我效能感，或者说我对自己学习歌曲的能力的信心，与我的经验知识基础在同步发展。我养成了利用过去的先验知识作为当前和未来学习的基石的习惯。

新旧路径

所有人都有无限的学习能力。这适用于从小学到企业培训中心的每个教室里的每个学习者。然而，当持续遭受压抑，即非凡的大脑受到抑制时，有些人就会养成习得性无助的不当习惯。这是一种不自然的存在状态，违背了我们作为无限学习者的身份。好消息是，如果无助是一种习得的习惯，那么，从逻辑上讲，它是一种可以被摒弃的习惯，可以被新的元学习习惯所取代。找到我们的最佳学习状态，也意味着摒弃那些不再适合我们的旧习惯，转而选择那些能帮助我们的新学习习惯。

反思我们收获的越来越多的先验知识，可以培养我们的情绪思维。回顾和应用从以前获得的知识中推导出来的模式来解决新的学习问题，这种感觉很好。回顾我们过去的学习历程和取得的成就是相当令人欣慰的。这种做法能够培养人的能动性和自我决定的先天能力，它还能够激励我们去尝试新的、更具挑战性的学习体验。对我们的先验知识进行累积性回顾，可以加强我们的知识基础，在这个过程中还可以建立我们的自尊、自信和承担认知风险的意愿。此外，来自认知科学的最新证据表明，对我们积累的知识基础进行深刻反思与多巴胺、血清素和催产素的存在有关——这些大脑化学物质会产生满足感、安全感、信心和幸福感。

利用过去的知识作为所有未来知识的基石，显然能培养认知思维。我们非凡的大脑使智人成为已知宇宙中学习能力最强的生物。我们的大脑已经进化到可以加强对学习的持续反思，这是我们生存本能的自然功能。通过不断地将过去的知识应用于当前的情况，我们能够进行自我纠正，以便做出必要的改变。

在课堂上进行累积性的内容复习，可以极大地提高学生的成绩和学习效率。这显然能培养认知思维。这个过程通常是由教师在准备终结性评估或期末考试时精心安排的。但是，学习者自己对先前的学习内容进行累积性复习，可以成为一种持续的、有效的元学习习惯，这种习惯可以释放和维持无限的学习能力。

成人的大脑由大约1000亿个高度专业化的细胞组成，这些细胞被称为神经元。每个神经元都被包裹在一层叫做髓鞘的保护性和高导电性的膜里。神经元的末端是被称为树突的结构。如果说神经元像植物的根，那么，树突就像从主根结构上分支出来的根须。树突通过被称为突触的连接点与其他神经元的树突相连。在异常庞大而复杂的神经网络中，这些突触连接就像连接神经元的通道。本身超级复杂的“伦敦地铁系统”跟它比起来，实在是太简单了！生物化学和生物电脉冲在我们的神经元上来回移动，到达神经通道中的树突。这些脉冲的传导速度似乎受髓鞘的导电性和厚度的影响。髓鞘越厚，脉冲的传导速度就越快。这些通道中有些已经磨损。随着时间的推移，这些通道中的髓鞘已经变得更厚、更牢固，增强了生物电脉冲的传导速度。这些已建立的通道，就像老朋友一样，让人感到熟悉而舒适。

较新的神经通道起初明显较弱。这些神经网络更加脆弱，而且往往有更薄的髓鞘，这就减慢了脉冲信号的速度。这就是为什么我们正在学习的新技能或正在形成的习惯会让人感觉更别扭、更不舒服。开辟这些通道也会消耗更多的能量。但事实是这样的：深入反思过去的知识，并考虑我们积累的知识如何与新知识联系起来的习惯，会使现有的神经网络和新的神经网络中的髓鞘变厚。当谈及学习如何学习时，我们确实可以在实践中探索方法。

我们已经构建的复杂的全脑神经网络实际上是所有新知识通路的基础。这对优化我们的学习内容和改进我们的学习方式都会产生积极

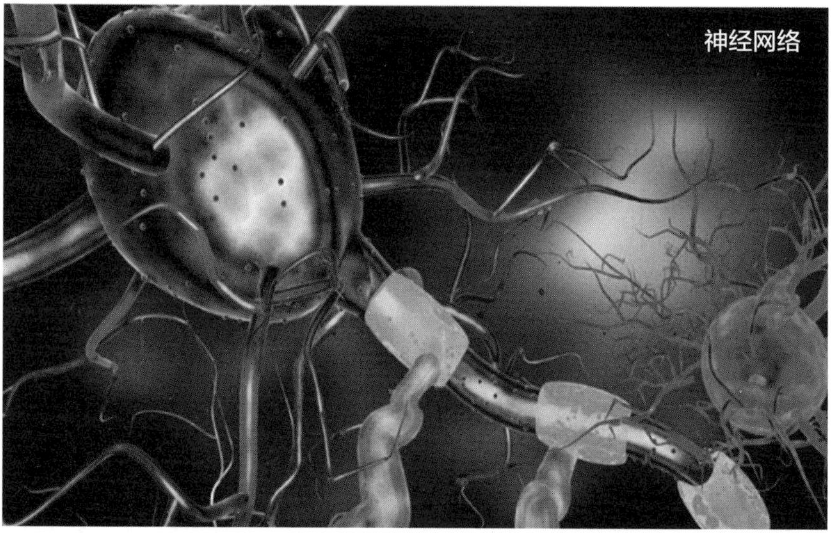

的复合影响。事实证明，人类的学习都是关于模式的。

模式无处不在

当我发现我最喜欢的摇滚歌曲都有一个基本的模式时，我第一次意识到了模式的重要性。这就像找到了一把隐藏的钥匙，释放了我的音乐潜能。对模式的了解，加快了我在前几个音符中识别歌曲的调式特征的能力，也提高了我与朋友合奏时的即兴演奏能力。

几乎每一首摇滚歌曲都遵循三和弦的独特顺序，这个顺序通常被称为1—4—5进行。我学会的第一个1—4—5模式是C—F—G进行。我一旦识别到歌曲中存在这种模式，就可以确定顺序，这样能够更深入地理解它——例如，我学会了C是C大调音阶的根音或第一个音。我最终能够运用这些新知识来扩展我的曲目。这种利用过去的知识来获取新知识的元学习习惯，使我在学习如何演奏歌曲和独奏时具有巨大的优势。

识别、确定和应用摇滚乐中的模式，这三个步骤也帮助我把自己最喜欢的歌曲和风格根据它们的相似性和差异性进行分类。我很自然地做到了这一点。虽然人类的经验和背景知识存在很大的差异，但这似乎就是人类大脑的工作方式。关注新的和正在出现的模式，并利用这种意识来学习新的序列或因果关系的过程可以被称为模式素养。模式素养是将一个人积累的知识和对先前学习模式的理解转移到新环境中的能力，以便更有效和更高效地连接过去和现在的学习。

人类大脑天生就能识别模式和模式突变，它们是人赖以生存的保障。这里有一个简单的思想实验：考古学证据表明，我们那以狩猎和采摘为生的祖先在广袤的非洲平原上漫游，不断寻找食物，同时避免自己被吃掉。那些能够成功地分辨出他们寻找的猎物和他们试图躲避的捕食者之间的模式差异的原始人，能够将他们的遗传信息传递给他们的后代——我们。而那些无法成功辨别的原始人，例如，如果他们无法辨别潜伏着的剑齿虎正在捕猎的模式，就成了人们通常所说的“点心”。

利用先验知识作为当前和未来学习的杠杆的能力取决于我们识别、确定和应用模式的能力。不断涌现的大量研究表明，模式“识别力”是一种能力，在所有人身上都不同程度地存在。这项研究强烈表明，模式素养的识别、确定和应用是我们学习任何事物的主要工具之一。对这项研究的一个更为重要的解释表明，当每个学习者有充分的机会在学习环境中明确地学习、练习和应用模式素养时，模式素养就可以得到培养和发展。

理解模式的过程，第一步是识别新模式并确定其开始、中间和结束。第二步是将新模式与我们先验知识库中的已有模式进行比较。这为我们提供了一个视角，有助于我们更好地理解新模式和已有模式之间存在的相似性和差异性。第三步是应用这种比较分析将新模式编码到我们的永久知识库中。

在对我们周围世界的相似性和差异性进行多感官探索的过程中，人类大脑得以迅速发展。我们在新的模式中寻找熟悉的感觉。这一点可以通过深入思考已有模式和新模式之间的相似性和差异性得到加强。当我们把这种思考（这是一种习得的习惯）与识别过去的知识和新获得的知识之间的相似性和差异性结合起来时，我们的学习能力就会大幅提升。

模式识别是与生俱来的，它通常是在高度自动化的情况下完成的；虽然我们这样做了，但是，并非有意识地为之。这种情况可以通过模式素养的训练来改变：有目的地寻找越来越复杂的模式，考虑模式的含义，然后应用这种新的模式意识来解决新的学习问题。下一节将介绍一些帮助你培养模式素养的工具。

利用先验知识的工具

元学习者使用高度可靠的序列步骤来利用先验知识，以理解新知识或解决新的学习问题。一个非常有用的策略是使用KND图形组织器，帮助学生安排学习任务和策略的顺序。KND三个字母分别代表“知道”、“需要”和“做”，也就是：“我知道什么、我需要知道什么，以及我要做什么”。尽管你可以在很多谷歌工作区工具中创建KND图表，但下方这个版本是用谷歌数字白板（Google Jamboard）创建的，你可以复刻简易版本与你的学生分享。

KND图表示例

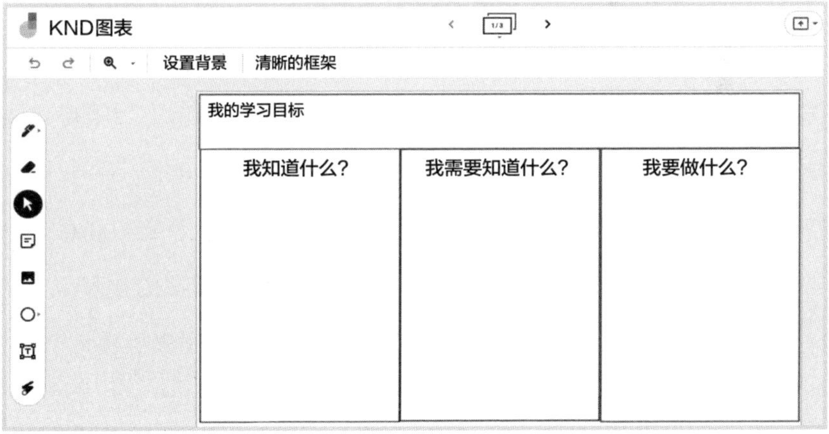

第一步是让学生在最上方的空白处写出学习目标。例如，“我将理解并能够辨别变质岩、火成岩和沉积岩之间的异同”。鼓励学生尽可能地将学习目标具体化，以便他们能够明确自己的学习目的。告诉学生，他们的学习目的写得越清楚，对指导他们的学习任务和完成这些任务的策略就越有帮助。

这个序列中的第二步是让学生激活并回忆他们可以用来解决当前学习问题的先验知识。让学生使用仿真“便利贴”贴纸进行头脑风暴，记录下他们目前所知道的关于学习目的或问题的一切。让学生在数字白板上尽可能多地列出他们目前知道的可能与他们需要知道的内容相关的细节和想法。这些都是他们从知识库中回忆起来的知识和思想的基本雏形。现在不用操心让学生进行整理，只需要让他们在KND图表上添加尽可能多的细节。

第三步是让学生发挥想象力，思考他们可以用来学习在“我需要知道什么”一栏中填写的项目的学习策略。这一步要求学生不仅要思考他们以前成功使用过的学习策略，而且还要考虑新的学习策略。让学生分享他们成功记忆新知识所使用的策略。例如，他们是否使用过口诀、押韵策略或顺口溜来帮助他们记住关键词汇、事实和观点？他们是否尝试过将知识块排列成一个有开头、中间和结尾的故事来“存储”新知识？他们是否尝试过使用草图、绘画或制作图表等视觉策略，将他们的先验知识与新内容联系起来？根据学生的年龄和发展需要，他们可以单独、结对或分组完成这项活动。对于初级学习者来说，这种活动最好以全组练习的形式进行，由教师引导学生体验并捕捉学生的想法。

其核心思想是帮助学生在实践中通过激活和检索他们的先验知识来构建新的学习问题。一旦学生把他们的先验知识在便利贴上表示出来，他们就会更容易地看到他们的先验知识与其需要获得的新知识之间的关系。为了更好地说明手头的问题，请给每个类别分配不同颜色的便利贴，如绿色代表他们已经知道的知识，蓝色代表他们需要知道的知识，红色代表他们为实现学习目标需要完成的任务或用到的策略。

这是认知过程的一种变体，被称为组块和支架，在这个过程中，学生将看似不相干的事实和策略组织成序列。他们在这一点上建立的联系是至关重要的，所以，要给你的学生充足的时间，让他们相互间进行头脑风暴。

学生深刻反思和分析他们的先验知识很重要。任何人都可以使用最强大的分析认知工具之一——根据相似性和差异性寻找模式来做到这一点。问学生是否可以在KND图表的每个类别中的便利贴之间找到任何相同之处和不同之处。它们的共同特征是什么？有哪些不同之处？每个类别中似乎出现了什么模式？然后再让学生寻找各类别之间的相同之处和不同之处。这些类别之间似乎出现了什么更大的模式？这些类别之间有什么相同之处？它们有什么不同？

已完成的KND图表示例

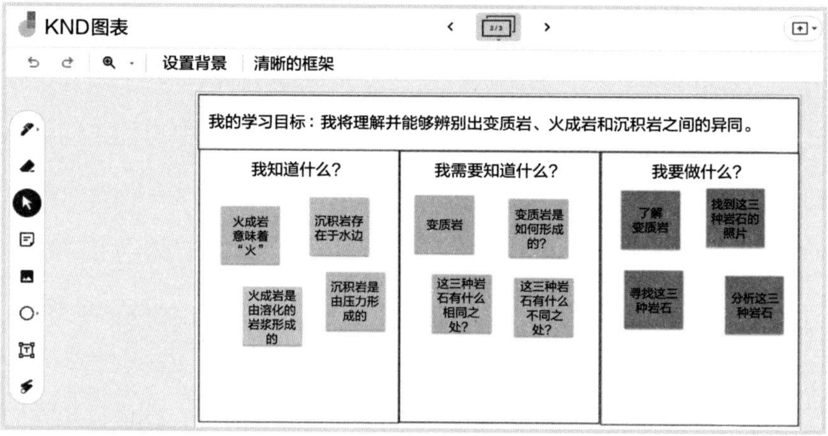

可以考虑使用下方的句子模板来帮助引导学生完成基于相似性和差异性的模式探索过程。

> “______和______相同，因为它们都______。”
> 或者，
> “______和______不同，因为______是______，而______是______。”

帮助学生通过寻找模式来利用他们的先验知识，将有助于他们更好地构建当前和未来的学习问题。辨别异同是一种重要的认知策略，学生可以用它来理解他们还不理解的新知识。通过实施这种学习策略，学生将触发他们的大脑执行功能。这是学生用来激活、检索和利用先验知识的高阶认知系统。随着时间的推移和充分的练习，这将发展他们的推理论证系统。这是人类用来提出主张、断言、阐述和预测的认知系统，它在我们所知道的和我们想知道的之间建立逻辑联系。可以考虑使用以下这些“如果——那么——”语句来帮助学生进行逻辑推理：

> “如果____________是真的，那么____________也一定是真的。”
>
> 或者，
>
> “如果____________和____________都是真的，那么____________也一定是真的。”
>
> 相反，
>
> “如果____________不是真的，那么____________也一定是假的。”
>
> “如果____________和____________都不是真的，那么____________也一定是假的。”

你也可以让学生通过创建这样的类比语句来详细阐述和扩展这些联系。

> “__________之于__________，如同__________之于__________。”

例如：“羽毛之于鸟类，如同鳞片之于爬行动物。”或者“葡萄糖之于人类，如同汽油之于汽车。”

对于较年幼的学习者，可以考虑用图片代替文字的视觉类比。你可以在上课开始时扮作“摇铃人”来做这个活动，或者通过“自我评估表”（exit ticket）来帮助学生反思他们的学习过程。这个过程实际上加强了现有的神经网络，同时也建立了与新神经网络的连接。它也简单、快捷、有趣。

视觉类比

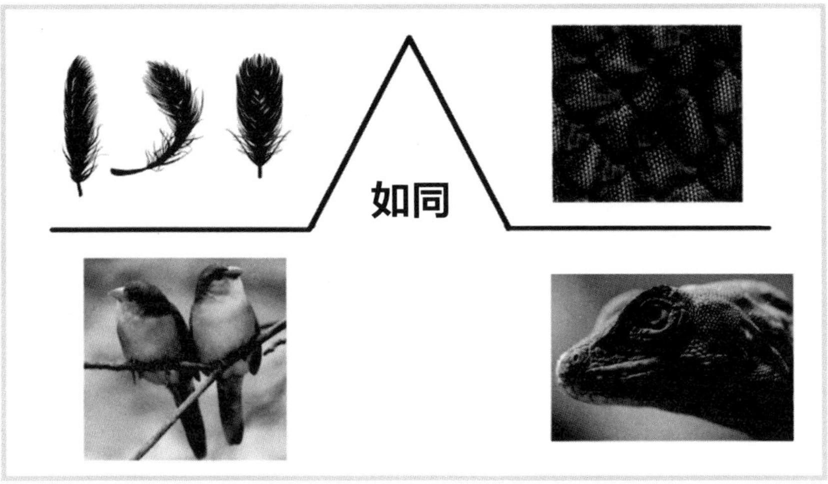

最后一步是不断寻找证据来支持学生的推测、思想实验以及先验知识和新知识之间的联系。要求学生利用他们过去的经验或可靠的信息来源，作为证据来支持他们的主张。这可以以单独、结对或分组的方式进行。对于初级学习者来说，最好是进行全班讨论，以确认主张的证据的有效性和可靠性。当学生参与这个过程时，新的神经通路就会出现，这既能改进他们解决新的学习问题的方式，也能改进他们学习优化自我学习的方式。

测量你的最佳状态

最佳状态量表

掌握程度得分	指标
3	掌握：我正在灵活而有意识地实施这个策略，以培养我的“最佳状态”。
2	发展：我接近于灵活而有意识地实施这个策略，以培养我的“最佳状态”。
1	开始：我决心实施这个策略，以培养我的“最佳状态”。

引导性问题

元习惯3：利用先验知识

关于利用先验知识的习惯：

1. 你目前处于最佳状态量表上的哪一级？

2. 你想达到最佳状态量表上的哪一级？

3. 你要怎么做才能达到这一级？

4. 你怎么知道你何时会达到这一级？

5.你将如何向他人表达和展示你达到了这一级？

小 结

约翰·杜威告诉我们，知识就像一条河流，从过去流淌而来，对现在和未来的学习产生不可磨灭的影响。只要提高我们对这种知识流动的认识，就能培养我们的情绪思维和认知思维。它还能让我们通过深刻反思我们学习什么、如何学习，以及更重要的是，我们如何优化这种学习，来更多地了解自己。我们越是养成回顾和积累知识的习惯，就越能有效且高效地获取和巩固新知识。就像在先验知识与现在和未来之间架起桥梁一样，不断利用我们的基础知识作为工具来建立新的神经通路的元习惯，能够扩展我们无限的学习能力。

杜威的发现使他断言，学习是一项参与性的活动；你必须摆脱被动吸收的习惯，积极参与优化自我学习的游戏。在过去40年里，我所收集的证据证实，学习也是一项团队活动。我们在一起学习比单独学习效果更好。在下一章中，我们将探讨下一个元学习习惯，即发展贡献型学习社区，帮助我们集体深化和扩展我们的最佳学习状态。

第5章
养成贡献型学习的习惯

人类的核心动机是归属感和被他人接受。

——鲁道夫·德雷克尔（Rudolf Dreikurs）

元学习者明白学习是一项积极的活动，他们也承认并认同最佳学习是一项积极的团队活动这一事实。我们在一起学习比独自学习效果更好。如果人类的核心动机是归属感和被他人接受，那么，找到我们的最佳学习状态，就取决于我们在贡献型学习小组中分享自己的观点和知识基础的能力。

具有良好的团队精神

我加入第一支摇滚乐队后，初次体验到了贡献型学习的力量。

在高中时，无论走到哪里，我几乎都背着吉他。我在屋里、屋外或后门廊上弹吉他，在树上弹吉他，在我家门前为邻居们演奏，在能找到的任何篝火旁演奏。虽然我现在可以独自演奏几十首歌曲，但仍然缺少一些东西。像当时每一位崭露头角的吉他手一样，我非常渴望追随约翰（John）、保罗（Paul）、乔治（George）和林戈（Ringo）的脚步。我想加入一个团体。

大三那年秋天，我决定冒险，把吉他带到学校——这是我以前从未做过的事情。几乎在第一时间，我就和其他初露头角的吉他手联系上了。我们都处于不同的发展阶段，但是，由于我的水平似乎有点超前，他们都非常想向我学习。这是第一次。我们都在学习同样的和弦，所以，我们可以演奏同样的歌曲。很快，其他学生开始把他们的吉他带到学校。我们很快成立了自己的小俱乐部，一有机会就会聚会。在午休时间和放学后，我们就会在大厅里弹唱起披头士乐队、滚石乐队、老鹰乐队和美国乐队的歌曲。尽管我们的技术水平不同，但是，我们因共同的目标而团结在一起：演奏摇滚乐。

在此之前，我的高中经历包括努力引起那些讨人喜欢的孩子们的注意。在现在看来，这很傻，但我一直误以为自己会收到某种正式邀请，成为酷孩子中的一员。可是这种情况从未发生过。虽然我渴望融入其中，但是，我仍然觉得自己是个局外人。然而，与典型的高中学生社团不同的是，我们的吉他小乐队因其包容性而迅速发展。我们的小乐队人员很杂，有书呆子（比如我）、运动员、独行侠、倦怠者、行进乐队成员和美国国家荣誉协会（National Honor Society）入选者。我们之间的差异并不重要，我们互相教授新的和弦、歌曲和演奏风格。

互相学习和教导是一种新发现的乐趣。我每天都迫不及待地想去上学，这样我就可以分享、学习和即兴弹唱。

那一年，我的同学们从布满灰尘的壁橱和阁楼里拿出了各种各样令人惊叹的乐器。曾经属于父母、叔叔甚至是祖父的各种原声吉他都进入了我们的圈子。每一件乐器都有一个独特的故事，每一把吉他产生的独特音色都让我们感到惊奇。令人遗憾的是，每一把被放进仓库的吉他，也代表着曾经梦想演奏音乐的人，在放弃吉他的同时，也放弃了自己的梦想。我们的吉他手乐队承诺不会让这种情况在我们身上重演。

学习演奏音乐并不轻松，但却有很多乐趣。它也与我在学校的学习理念不同。不像一般的课堂，学习被认为是为了获得最高成绩的竞争，而我们的吉他手乐队的成员愿意为团队中的每个人做出贡献。每个人都想帮助我成为一名更好的吉他手。对我来说，互相切磋和帮助其他琴技有待提高的人是很自然的事。我发现自己是一位很有耐心的老师，而且令我很震惊的是，把我知道的东西教给别人，显著提高了我自己的演奏水平。我和我的吉他伙伴们是一个更大的集体的一部分，我们都在为彼此的音乐造诣和福祉而努力。与课堂上发生的事情相比，我在这个团队中学习到更多的内容，并且更快更好地掌握了新的技能。我养成了成为贡献型学习者小组中的重要成员的习惯。

一起学习感觉更好

积极心理学（人类心理学的一个分支，探索人类发展的积极方面和潜能的最大化）领域的研究强烈表明，人类有一种深刻而持久的归属欲望。我们这个物种已经进化到能够在极其恶劣的环境中生存，这在很大程度上是因为我们倾向于形成贡献型群体。所有的人都努力被重视，成为某类社会团体（无论是俱乐部、团队、教堂，还是课堂上的学习小组）中的贡献型成员。在优化我们的学习方面，人类在一起学习比单独学习效果更好。

参与贡献型学习可以培养情绪思维。我们是有知觉的生灵，我们通过体验去感受和思考自己的方式。组建我们的吉他俱乐部，帮助俱乐部里的每个音乐人取得进步，这培养了俱乐部全体成员的情绪思维。我们都想在那里为对方提供有价值的东西，同时获得友谊、情谊、集体学习和成长。我们当中没有任何一个人因为知之甚少以至于不能给其他人教一些有价值的东西。我们当中也没有任何一个人知道的太多以至于不能从其他人那里学到有价值的东西。所有这些学习都是自然而然地发生的。

人类通过个人的背景知识来解释新的学习。虽然明白这一点很好，但是，重要的是要考虑到，我们任何一个人可用的知识库仅限于一个样本量——让我们面对现实："1"是最孤独的数字。更重要的是要考虑到，一个人的个人知识库可能会因为隐性错误和偏见的存在而被削弱。这就限制了我们将先验知识作为有效杠杆，来充分理解和解决新的学习问题的能力。

贡献型学习也能培养我们的认知思维。通过成为贡献型学习小组的成员来扩大我们的学习样本量，就像加入一支由不同乐手组成的乐队。它可以扩展并深化可用于任何学习情况的有效背景知识，也能使整个小组受益。如果说协作学习的感觉比单独学习好得多，那么，贡献型学习的感觉就更好了。

什么是贡献型学习理论?

我们的教育系统存在一种明显的崇尚竞争的倾向。大多数学习环境都是高度竞争的空间，学生们为了获得班级中的最高成绩或职位而互相竞争。然后，教育系统根据课堂评估的结果，以及更有可能是高利害、低价值的终结性考试的结果，对学生、教师和学校进行排名。这种竞争倾向几乎渗透到教育系统的各个方面，并且几乎影响着教育系统中的一切，从课程选择到教学方法和评估策略。在竞争倾向的束缚下，学生、教职员工、领导者及其家庭的个人和集体福祉都受到影响。其实不必这样。

苏联教育家和哲学家列夫·维果茨基（Lev Vygotsky）精辟地解释了人是社会性动物，他们通过应用语言工具和与其他人的互动来理解周围的世界。维果茨基的建构主义学习理论（也被称为建构主义）表明，通过对话加上对学习支架或指南的精确应用，学习和经验会得到显著提升。我们通过与更多知识渊博的人、老师和导师的讨论来构建新的知识，他们帮助我们在新的学习体验中乘风破浪。

我们现在生活在一个完全不同于维果茨基所想象的世界。几乎无处不在的开放式数字制作技术——从超文本、博客和百科全书式网站到广泛的社交媒体——提供了一套全新而独特的集体学习的可能性和支持。这就是为什么在过去的40年里，我一直在发展一种新的学习理论，将我们生活、学习和工作的数字时代考虑在内。我决定把这个新想法称为贡献型学习理论或贡献型学习。

贡献型学习建立在两个广泛实施的学习概念之上：合作学习和协作学习。合作学习是指学习者将工作划分成独立的任务，以合作的方式实现学习目标。学习者最初见面讨论如何分配任务，但是，随后他们独立完成每项分配的任务，而不是一起完成。协作学习是指学生在学习任务的各个方面进行合作，这需要更高水平的交流和互动。贡献型学习进一步发展了这两个概念，将重点从竞争成绩转移到为团队做出有价值的贡献。这种转变可能会创造一种有助于培养学生集体效能的学习文化。

贡献型学习植根于一个永恒的理念，即当人们的关注点从只有一个赢家的竞争转移到集体的掌握和幸福时，人类就会蓬勃发展。贡献型学习有三个核心：

- 情绪影响动机。
- 动机影响认知。

• 认知影响贡献。

情绪影响动机。情绪调节是贡献型学习的主要驱动力。当我们对我们的老师、同学、学习环境和学习能力持积极的态度时，我们学得最好。确保课堂学习环境良好，这在很大程度上能够使学生感到自己受到重视，是班里的贡献型成员。让学生使用第3章的呼吸练习，反思他们当前的情绪状态，至少达到中性状态——希望是积极状态。从消极或中性的情绪效价转向积极的效价，感觉很好。这种感觉会产生我们应对具有挑战性的学习任务所需的动力。这实际上是对“参与”一词的定义：将可自由支配的精力投入到复杂的学习任务中。简而言之，我们感觉越好，我们学习的动力就越大。

动机影响认知。动机是贡献型学习的第二驱动力。只有获得了充足的动机，我们才有足够的精力去探索认知上复杂的学习空间。这确实会让我们付出很多精力，如果我们没有精力坚持下去，就会屈服于无处不在的干扰或放弃的诱惑。当情况变得艰难时，只有那些积极性高的人才能在情感和心理上坚持下去，并投入到繁重的认知提升中。

认知影响贡献。贡献型学习的最后一个驱动力是我们与生俱来的归属欲望，即成为社会群体中受重视、有贡献的成员。应对学习挑战的行为本身就迫使我们为了他人的利益而分享我们的学习，并且随着时间的推移和经验的积累，应用我们的知识推动社会的进步。这是一个相对简单的算法：我们学得越多，就越能学会热爱学习。我们越热爱学习，就越有可能与他人分享学习的乐趣，从而有助于所有人的幸福和成功。

你有没有在行动中体验过贡献型学习？你对为他人的学习做出贡献的过程以及让他人为你的学习做出贡献的过程有何感想？贡献型学习对你的学习质量和数量有什么影响？

如何发展贡献型学习小组？

约翰·杜威教导我们，学习是一项参与性的活动——你必须离开板凳，投入到比赛中去。我的经验和研究使我相信，最佳学习不仅是一种主动的体验，而且也是一种集体体验。我们作为团队一起学习比单独学习效果更好。发展真正的贡献型学习小组，可以增强学生的能力，即通过将新获得的知识传授给同伴，互相依赖地巩固更深层次的学习。那么，怎样才能开始发展成功的贡献型学习小组呢？

发展贡献型学习小组的一个经典方法是拼图策略。1971年，埃利奥特·阿伦森（Elliot Aronson）开发了拼图法，旨在提高不久前刚刚废除的种族隔离学校学生的学习成绩。从那时起，拼图法就作为一种公平地赋予各类学习者权利的手段而被广泛地使用。可以把拼图法看作是贡献型学习的一种解构方法。贡献型学习小组的成员将大量的内容分解成更容易理解的小块，然后将其重新组合起来，形成一个完整的整体。这是发现背景知识和技能迥异但又互补的人之间的协同增效作用的核心。

通过缩小学生的关注范围，他们能够更深入地了解正在学习的新内容的单个部分。这样，学生就能够更好地使用他们所学到的特定内容的语言，将刚刚学到的知识传授给小组中的每个人，从而巩固更深层次的集体理解。然后，每个成员都会重复这个过程，直到整个小组都掌握了新内容。通过在小组中添加自己独特的理解，每个成员都为产生意义和加深理解的过程做出了贡献。

贡献型学习的工具

贡献型学习小组的每个成员都是整体中某一部分的能手，但是，当每个部分结合在一起时，总和远远大于其中任何一个部分。在思考小组形式的拼图学习方法时，一个有用的类比是，考虑冠军队伍中的各个运动员如何利用他们独特的天赋和技能为整个团队做出贡献。

你可以使用更具贡献性的KND图表来帮助构建这个过程。有一种贡献型学习小组涉及成对的学习者，两个学生可以使用双人学习拼图板（The Learning Pairs Jigsaw Jamboard）。让两个学习伙伴将新的学习内容分成相等的两半或两部分。让学生从在顶部的字段中确定各自需要知道的内容开始。

例如，唐娜和鲍比这两名学生，贡献各自的知识，以帮助对方达到理解并能够辨别变质岩、火成岩和沉积岩之间的异同的学习目标。

双人学习拼图板

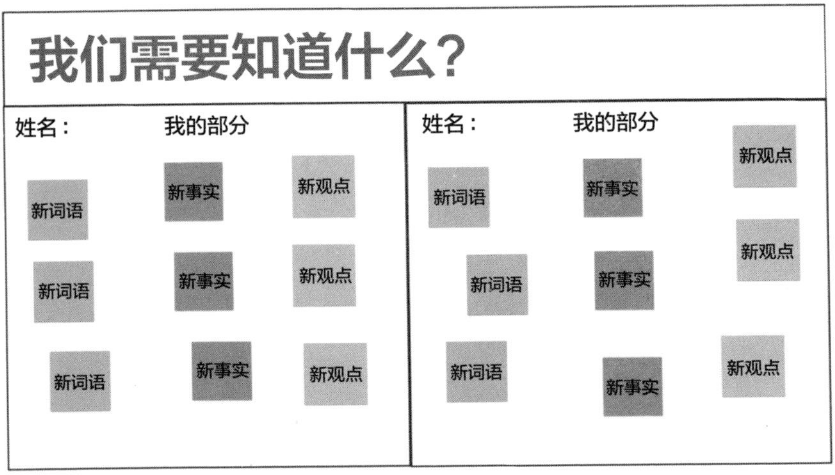

已完成的双人学习拼图板

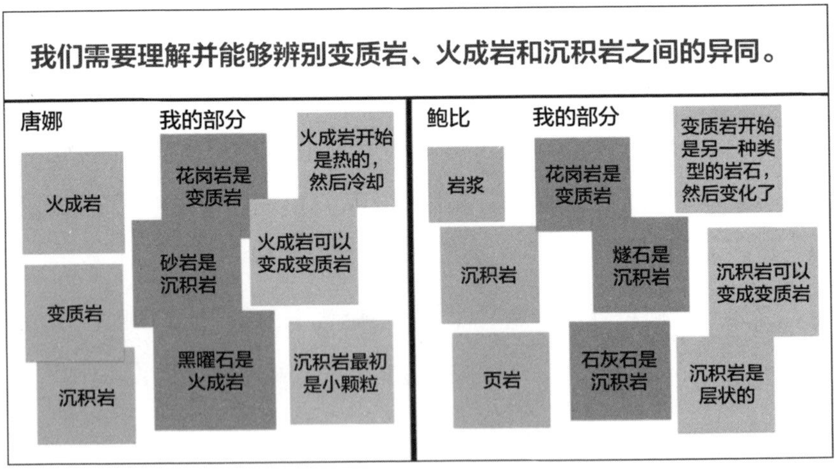

第一个合作伙伴阅读第一部分新内容（可以是视频、多媒体文件或内容知识和信息的在线来源）或与之进行交互，第二个合作伙伴与第二部分新内容进行交互。使用双人学习拼图板，每个合作伙伴单独确定从内容中收集到的重要的新词语、新事实和新观点，并将它们作为单独的便利贴粘贴到拼图板上自己的那半边。然后，每个合作伙伴可以根据其重要性将新词语、新事实和新观点归类。

再次考虑使用下方句子模板来帮助引导学生完成这一过程：

"__________和__________相同，因为它们都__________。"

或者

"__________和__________不同，因为__________是__________，而__________是__________。"

一旦对每个项目进行分类，这对学习者就可以兼具对方的推理论证能力，这可能会使他们的能力翻倍，便于形成识别其集体先验知识和新的学习内容之间的相似性和差异性的新模式或趋势。

有时，你可能会发现自己处于一个"三人"学习小组中，三个人可以将更多的内容分解成三个相等的子类别。使用"三人学习拼图板"，遵循同样的流程。像前面一样，三人学习小组的每个成员都在各自的那部分拼图板上添加重要的新词语、新事实和新观点。然后，按照同样的步骤，根据小组成员的先验知识和这些新知识之间的异同，对新的便利贴进行分类。关键的区别在于，现在你有可能获得三倍的集体背景知识。这是一个更广泛的基础，可以用来进行推理、精心阐述，并提供证据来支持小组对新内容的集体理解。

三人学习拼图板

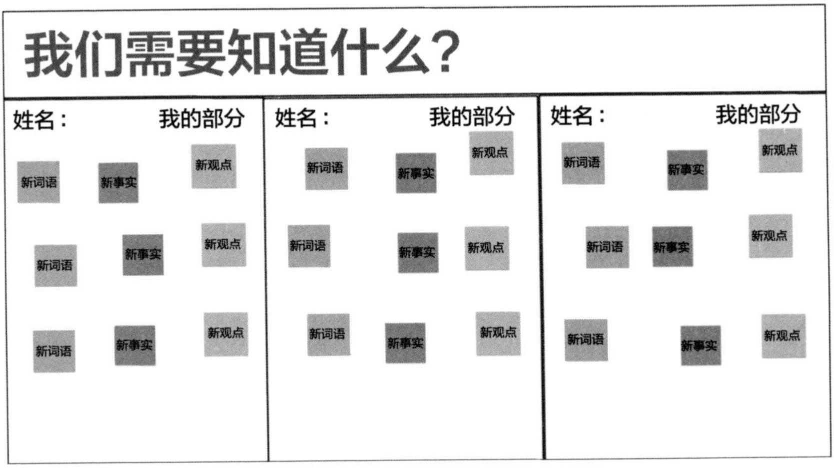

有时，你会很幸运地加入一个四人学习小组。这一次，小组会把更多的内容分成四等分。每个人都要把新词语、新事实和新观点添加到各自的那部分拼图板上，并对它们进行合理的分类。现在，贡献型学习小组的潜在先验知识基础翻了两番，可以利用它们来更好地理解这些新内容，并进行有意义的联系和阐述。

四人学习拼图板

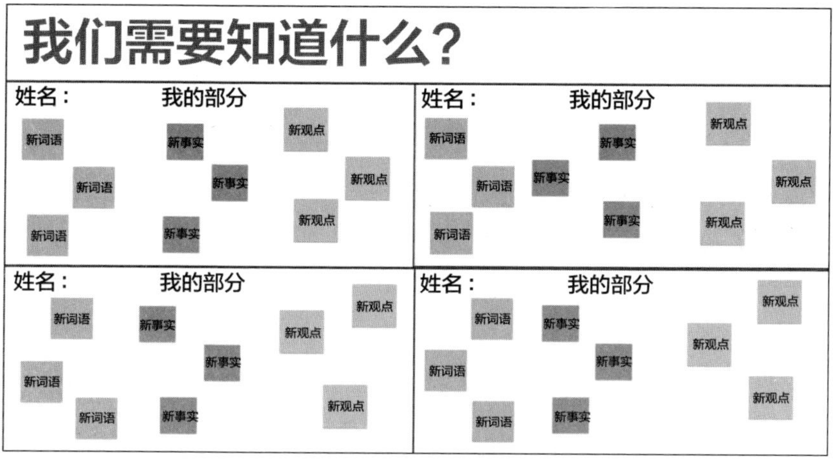

测量你的最佳状态

最佳状态量表

掌握程度得分	指标
3	掌握：我正在灵活而有意识地实施这个策略，以培养我的“最佳状态”。
2	发展：我接近于灵活而有意识地实施这个策略，以培养我的“最佳状态”。
1	开始：我决心实施这个策略，以培养我的“最佳状态”。

引导性问题

元习惯4：参与贡献型学习

关于贡献型学习的习惯：

1. 你目前处于最佳状态量表上的哪一级？

2. 你想达到最佳状态量表上的哪一级？

3. 你要怎么做才能达到这一级？

4. 你怎么知道你何时会达到这一级？

5. 你将如何向他人表达和展示你达到了这一级？

小　结

这项研究明确表明：人类在一起学习比单独学习效果更好。作为一名初出茅庐的吉他手，我自学了很多。然而，当我成为一个贡献型学习小组的成员时，我能够更快地学会新的和弦、音阶、歌曲和即兴小段。

当新的学习内容被合理地归入某个更大的情景框架时，这个元学习习惯就像其他习惯一样，会得到明显的增强。在下一章中，我们将探讨第五个元学习习惯，即利用学习框架来实现更好的集体理解和效能。

第 6 章 养成使用学习框架的习惯

如果你想成为一名伟大的吉他手，你必须知道自己正处于一个发展阶段，你得学会如何更上一层楼。

——埃迪·范·海伦（Eddie Van Halen）

成为贡献型学习小组的成员是一个重要的元习惯。但是，我们怎样才能确保小组中的每个人都能优化他们的学习呢？答案似乎在于为整个学习过程制定框架。框架是强大的认知支架，它有助于优化学习新内容的过程以及常规意义的学习。框架提供了必要的情境，有助于我们更清楚地了解自己的现状、所处的位置以及向往的目标，它还有助于我们更好地了解自己距离掌握目标还有多远以及怎样才能达到所要掌握的目标。

从有史以来最具创新精神的摇滚吉他手那里，我很幸运自己间接地学到了一些价值斐然的东西。我使用的第一个学习框架就是埃迪·范·海伦的吉他演奏框架。

埃迪叔叔的框架

1978年春天，我和弹吉他的朋友们都拿到了驾照。我们经常去神秘的松树林或泽西海岸的海滩，围着篝火演奏音乐。一天下午，我们去参加一个类似的聚会，在路上，一个朋友告诉我他有一盘新乐队的磁带，想让我听听。他把磁带放进他那辆加大了马力的雪佛兰新星的八轨播放器里，巨大的扬声器里传出来的声音永远地改变了我的生活。

那张八轨磁带是范·海伦的同名录音室专辑，也是他们的第一张专辑。它是一首名为《爆发》的歌曲，令人震撼，我从来没有听过那么有魔力的歌曲，我惊讶得张大了嘴巴，我想象不出仅一把电吉他竟然能弹奏出那样的声音。这一切背后的疯狂天才是谁？他就是传奇人物埃迪·范·海伦。

怎么可能让一把吉他发出那样的声音呢？这对我来说是一个未知的领域。埃迪高超的技艺在一把吉他上呈现出来，那把吉他是为他特制的，为的是能弹出不同于以往任何吉他的音质。它太令人着迷了。《爆发》让我完全走出了自己的舒适区。我知道我不能再回到只是重复练习的过去了，我必须学习更多的东西。

不久之后，我听说埃迪·范·海伦作为特邀嘉宾参加了费城当地一家摇滚电台的DJ约翰·德贝拉（John DeBella）的热门节目。当时，埃迪来城里是要在费城的光谱体育馆表演。他谦逊、风趣，显然在享受作为吉他之神的人生乐趣。当时，德贝拉问了他一个问题：“埃迪，你对特拉华河谷这里初露头角的吉他手有什么建议吗？”这个问题永远铭刻在我的脑海里。

埃迪停顿了片刻，当他回答时，所有的幽默感都从他的声音里消失了。他的话在我脑海里一遍又一遍地回放，以至于我回想起来，这一切仿佛就发生在昨天。我记得埃迪说：“是的，我有，约翰。”然后，他对听众说：“孩子们，我是你们的埃迪叔叔。如果你们正在学习弹吉他，那么，你们很可能正在用吉他弹奏从收音机里听到的歌曲，或者你们可能买了一本书，学习用开放和弦弹奏，并跟着唱。我就是这样开始的。每一个伟大的吉他手都是这样开始的。但是……”他稍稍停顿了一下，接着说：“如果你想弹得更好，就必须知道你正处于一个阶段。这个阶段我称之为‘篝火阶段’，因为你可能正围坐在篝火旁弹着吉他，演奏你从收音机里学到的歌曲，结交朋友，认识新人，这很好。”

我感觉埃迪好像在直接跟我对话。

“每个吉他手，”埃迪继续说道，“都经历过篝火阶段。但要成为一名伟大的吉他手，你必须经历另一个阶段——我称之为‘查克·贝里阶段’（the Chuck Berry stage）。每个伟大的吉他手都经历过吉他演奏的查克·贝里阶段。你必须学会像查克那样摇滚，你必须学会如何娴熟地演奏所有那些伟大的摇滚乐的即兴小段和小过门。”

约翰·德贝拉接着插话说：“好的，有一个篝火阶段和一个查克·贝里阶段，还有别的阶段吗？”

埃迪几乎是恭敬虔诚地回答道：“下一个阶段是最重要的阶段，也是最难达到的阶段。那时，你会发明一种完全属于你自己的全新的演奏方式。一旦到了那个阶段，你就完全靠自己了，很神奇的。但你必须真的想要达到那个阶段，你必须努力才能达到目的，这是装不出来的。

“学习吉他有三个阶段：篝火阶段、查克·贝里阶段和埃迪·范·海伦阶段。我清楚地知道，我处于第一阶段。我也清楚地知道，如果我想弹得更好，就必须开始学习如何像查克·贝里那样用吉他弹出摇滚曲风。这是我的下一个阶段。我立即购买了我的第一张查克·贝里的唱片，并开始学习如何演奏他的名曲。通过学习查克·贝里如何将密西西比三角洲蓝调转变为一种全新的音乐类型——摇滚，我对摇滚乐的基本模式有了更深层次的理解。查克·贝里的标志性乐曲激励着每一个追随他脚步的未来吉他手。学习如何演奏《摇滚乐》（*Rock and Roll Music*）、《超越贝多芬》（*Roll Over Beethoven*），当然还有《约翰尼·B. 古德》（*Johnny B. Goode*），这一切使我着迷。”

那次访谈永远改变了我对学习的看法。在短短的几分钟内，埃迪·范·海伦给了我一个概念性框架，直到今天，它还在帮助我思考如何学习音乐的问题。他的吉他演奏框架为我的学习之旅提供了有意义的情境，它还提出了三个重要的阶段，我可以从中获得有用的反馈，以确定我距离实现目标还有多远。我可以很容易地看出，我正处于学习的初始阶段，即篝火阶段。我想弹得更好，所以，我知道，我必须投入时间和精力来学习如何像查克·贝里那样演奏，这样才能达到最高阶段，即创造一种完全属于自己的新的音乐风格。我养成了利用概念性框架为我的学习之旅提供情境的习惯。

渴望有序

使用概念性框架可以帮助我们从令人困惑因而让人不安的局面中理出头绪，从而培养我们的情绪思维。人类喜欢有条理的东西。我们通常更喜欢我们周围的世界有某种逻辑秩序，因为这让我们感到安全。相反，混乱通常会让我们感到不安。幸运的是，人类大脑对模式的喜爱与对有序性的明显偏爱是联系在一起的。一般来说，人类有一种与生俱来的封闭需求，因此，我们大脑的高阶执行功能的很大一部分似乎是在寻求从某种混乱状态到更有序状态的阻力最小的路径。直到跨过从混乱到控制的鸿沟，我们才会完全安心。

为了实现这一飞跃，我们首先需要对我们当前的掌握水平有一个清晰的了解。具有清晰、明确的阶段性框架，这有助于我们更有意义地了解自己在掌握性学习之旅这个更大的背景下所处的位置。清晰明确的阶段也有助于我们更坦然地面对自己的“当下”。识别和解决任何缺陷问题，都需要一定程度的自我接纳，甚至是勇气。学习如何延迟我们的满足感并将我们的努力投入到识别、澄清和纠正这些缺陷上，会带来真实、复合和可持续的回报。

驾驭某种新的学习挑战的过程使我们能够将陈述性知识和程序性知识——我们知道什么和我们能做什么——整合到更永久的记忆系统中。当我们最终掌握了某个让我们无法企及的新知识或技能时，我们的大脑会释放多巴胺、血清素、催产素甚至内啡肽等神经化学混合物，以产生良好的感觉。这种对成功的精神庆祝，能够积极地加强我们对无意义情况的不断追求。这就是学习之旅的本质。达到掌握的水平后，就可以结束我们在任何掌握性学习之旅开始时所经历的误解和混乱。

概念性框架还可以通过为我们的掌握之旅提供路标来培养我们的认知思维。埃迪·范·海伦的吉他弹奏框架为我提供了不同的阶段，我可以用它来评估我的掌握之旅的进展。对这三个不同阶段的确定不仅具有创新性，而且不言自明，因为我第一次听到它时就完全明白了。我清楚地知道，我处于演奏的篝火阶段，因为我自己在这个阶段的特征与埃迪的描述完全吻合。将学习放在一个更有序的环境中，有助于我更好地了解自己的体验。知道自己处于三个不同阶段中的第一个阶段，也有助于我认识到自己当前学习阶段的缺陷，以及要进入下一个阶段，我还有很多工作要做。

这就产生了一种新的认知张力。虽然我对自己的进展感到满意，但我知道，我要提高，还有很多东西需要学习，这就引发了一种内部冲突。我不再满足于不断地重复演奏同样的歌曲。对我目前的表现以及渴望达到的下一个阶段有一个清晰的认识，就像我的脑海里同时持有两个相反的想法。这两个相反的想法产生了一种创造性张力，我确实得下定决心才能终止它。这种创造性张力产生了新的能量，迫使我寻找阻力最小的道路前进。为了像查克·贝里那样摇滚——提升到一个新的掌握阶段——我不得不更加有意识地对我的演奏进行规划、思考，并采取行动。

埃迪的框架还使我懂得了实现“掌握导向”是至关重要的。如果一件事值得做，那么，它就值得我竭尽全力去做。我第一次意识到，我想让自己的努力朝着掌握的方向发展，而不仅仅是演奏那些需要越来越少努力的处于篝火阶段的歌曲。对我来说，这种转变使我想更深入地了解查克·贝里游刃有余的艺术技巧，因此，我必须更加努力，但方式也会大不相同。前面的路还很长，我要学习更难的技能，需要更好的学习策略。这种简单的认识为我指明了前进的道路，它迫使我实施、修改和评估新的学习策略对培养我的新技能的影响。

埃迪·范·海伦的吉他演奏框架更像是指南针，而不是地图。该框架并没有明确地说明我需要做什么，但它对掌握的三个阶段的确定帮助我确立了方向，使我能够继续朝着正确的方向前进。它还提供了清晰而明确的学习阶段，使我在设计通往理想目的地的路线时能够详细描述自己的进展情况。

为什么学习框架有用？

英国数学家乔治·E. P. 博克斯（George E. P. Box）曾经说过，所有模型都是错的，但有些是有用的。挑战在于能够将错误但有用的模型与错误且无用的模型区分开来。这是在学校等人类互动的地方进行社会科学研究的目标。人类学习和创造意义的过程是一个非常复杂的现象，它受到一系列惊人的不可控变量的影响。用概念性模型或框架来完美地表现人类学习的每个方面是不可能的。这个基本问题解释了博克斯认为所有模型都是错的这句话的含义。

教育研究人员解决这一问题的方法之一是采用严格的科学方法和工具，有意地尽可能减少错误和偏见。这一严谨的过程有助于研究人员更好地理解和澄清学习者、学习内容和学习情境之间的条件关系。基于大量教育研究构建的学习框架仍然是错误的——因为变量太多了——但它们更有可能是有用的。有用的模型有助于阐明我们可能会忽略的更大的关系模式。它们赋予我们洞察力。这有助于我们更好地了解人类学习条件的关键方面，以及如何最可靠地优化它们。以下是对两个非常有用的框架和一个新模型的概述，有助于我们找到最佳学习状态。

“可见的学习”模型

约翰·哈蒂的“可见的学习”模型建立在数十年严谨的教育研究基础之上，是构建人类学习过程中最著名、最实用的模型之一。“可见的学习”模型确定了三个不同的学习阶段：表层学习、深层学习和知识迁移。根据哈蒂的模型，所有的学习都是从与新知识的表层互动开始的。在这个阶段，我们开始通过记忆特定内容的词汇、基本细节和简单的事实来获得基本的学习基础。这是必不可少的一步，但这只是第一步。

“可见的学习”模型

在深层学习阶段，我们需要利用记忆的表层细节来更好地理解关于新内容的更复杂的概念和思想。在这个学习阶段，我们还需要将我们的先验知识与我们力求深入理解的新知识进行比较。通过获得更深层次的理解，我们实际上是将之前获得的表层知识整合到我们的长期记忆系统中。但是，为了巩固深层知识，我们必须进入第三阶段的学习，在这个阶段，我们通过将更深层次的知识迁移到新的情境中去应用它。正是在知识迁移阶段，深层学习最终被整合到我们的长期储存系统中。当涉及储存深层学习时，我们必须使用它，否则，我们就会失去它。

以第4章的学习目标“我将理解并能够辨别变质岩、火成岩和沉积岩之间的异同”为例。在表层学习阶段，学生需要掌握“变质岩”“火成岩”“沉积岩”等词语以及每种岩石的基本事实和细节。在深层学习阶段，学生需要理解并能够辨别这些类别内部和之间的异同，不出现任何严重的失误或疏漏。在知识迁移阶段，学生需要能够通过产生新的见解和推论来应用他们的新知识，这些见解和推论可用于应对不同情境下的挑战或问题。

T3框架

约翰·哈蒂的“可见的学习”模型为如何积极影响学习成绩提供了高度可靠的指导。然而，数字时代为利用数字学习工具加速学习提供了全新的可能性。这样一个令人兴奋的前景需要一种利用数字工具的潜力来优化整个系统的学习性能的方法。

我撰写《颠覆性课堂技术：教育创新框架》（*Disruptive Classroom Technologies: A Framework for Innovation in Education*）一书的主要目的是给利用数字技术进行创新教学实践提供一种通用的可操作性语言。在这本书中，我介绍了T3教育创新框架。T3框架为经过多年严谨研究的现代学习系统提供了高度可靠的途径。T3框架将利用数字工具的影响分为三个层次：转换型、变革型和超越型。

转换型学习反映了数字工具在学习环境中最常见的使用方式。将任务从模拟形式转换为数字形式，在提高效率、准确性和节省时间方面增加了一些价值，但对提高学习成绩几乎没有影响。转换型学习任务包括自动化演示、考试以及使用来自在线资源或其他电子媒体的数字内容。这是必要的第一阶段，但是，学校系统往往会犯止步不前的错误。

变革型学习将学习者从内容的被动消费者转化为主动的知识创造者和贡献者。变革型学习策略通过这样的方式帮助学习者使用数字技术接受掌握导向，即首先制定掌握性学习目标，然后使用马加纳掌握程度跟踪图表有意识地监控和调节他们的情绪状态、努力程度和实现这些目标的进展方面的影响。在这个更深层次的学习中，学生使用数字工具更积极地规划他们的学习，创造性地表达和表现他们的知识和能力，并使自己和他人都能看得到他们的想法。

超越型学习超越了对教育系统的期望。超越型学习策略包括学生识别、调查和假设对他们至关重要的棘手问题的更可靠的解决方案。在超越型学习阶段，学生不是解决交给他们的问题，而是学习识别和调查复杂的现实问题。他们应用或迁移新获得的知识来改善他们的世界。在这个过程中，学生能够获得宝贵的社会创业技能，从而为未来做好更充分的准备。这种全新的教育模型，只有在学习者有意识地利用数字技术一次解决一个棘手问题，从而使他们的世界变得更美好时才有可能实现。

T3框架

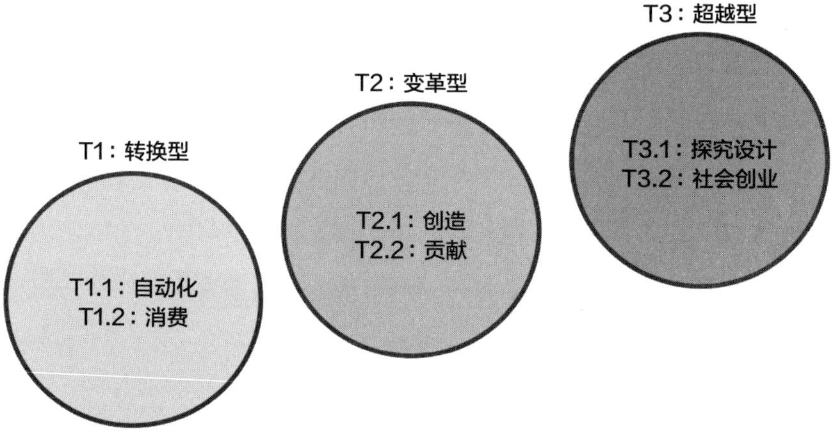

当学生改善他们的世界的无限热情和目的在教育情境中得到激发时，我们才刚刚开始触及可能发生的事情的表面。T3框架研究得到了全球许多教育学者的同行评审，不久前发表在《牛津教育研究百科全书》（*Oxford Research Encyclopedia of Education*）上，这使T3框架成为了一个高度可靠且实用的促进现代学习的模型。

进行严格的教育研究是一项复杂的工作——然而，忠实地解读和实施基于研究的发现和策略也是如此。鉴于此，是否有可能将所有这些复杂的研究发现和策略提炼成一个令人难忘的框架，让任何学习者都可以运用它来找到自己的最佳学习状态？

学习迷宫

我想介绍一种更加以学生为中心的新学习模型。

学习迷宫是一个简化的模型，但很适合描述学习的表层、深层和知识迁移阶段。当我们遇到一个新的学习问题时，就像一个新的学习迷宫，我们首先得在迷宫的开口处或表面进行观察和定位。我们需要使用记忆策略来获得基本工具，如新词语、基本事实和观点，以帮助我们在迷宫中找到方向。我们必须获得这些表层学习工具，这样才能应用它们，深入学习迷宫。

为了达到学习迷宫的更深层次，我们必须使用逻辑、推理和先验知识等工具来更深入地理解更大的概念，在这个过程中“消除”我们以前对这些复杂概念的无知。

但是，我们不能就此止步，必须走出学习迷宫，因此，需要使用一套不同于我们在表层或深层使用的学习工具。我们必须学会如何迁移我们的深层学习，将其作为解决其他问题的新工具——比如，帮助别人学习我们刚刚掌握的知识。只有这样，我们才能遵循阿里阿德涅的逻辑隐喻线，作为一个转变了的学习者、一个具有更高认知和意识水平的学习者，走出学习迷宫。

T3学习迷宫规划指南

可以考虑使用“T3学习迷宫规划指南”来帮助你理解如何在课堂上将学习迷宫隐喻付诸实践。这个规划工具将有助于指导你如何将教学设计和规划拆分成三个学习阶段：表层学习、深层学习和知识迁移或“超越”型学习。分解你的规划，使之与这三个学习阶段相对应，这将帮助你确定专门为每个阶段设计的教学策略、活动和工具。

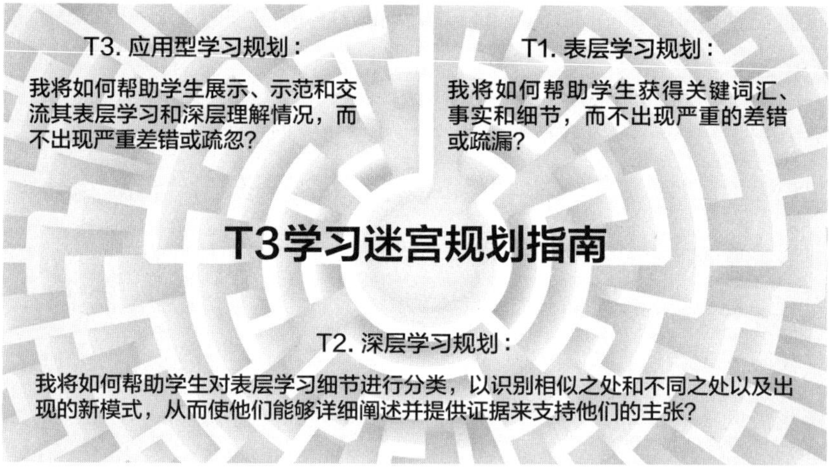

在该指南中，每个问题将帮助你思考可以安排哪些教学策略和活动来促进这三个阶段的学习。这不仅可以节省时间，而且有助于调整所选的策略和学习经验，帮助学生获得基础知识或表层知识，深化他们的学习，并在不同的情境中应用他们的新知识。这还会使你的学生有机会创造性地、批判性地思考、交流，并通过选择如何表达他们自己的理解来促进他人的学习。这些由学生生成的评估可以是：学生为将自己的知识传授给他人而创建的教程、他们在互动学习平台Quizlet上创建的学习卡片、他们在少儿编程学习平台上开发的游戏，或者他们在Minecraft《我的世界》[①]中创建的学习园地。一切皆有可能。只要让学生有机会以自己的方式表达他们所获得的知识，就会扩大他们的发言权和选择权，增强他们的信心。

① 是微软旗下Mojang Studios开发的沙盒游戏。游戏中，玩家能在一个3D世界内与方块进行交互。游戏中的特色功能包括探索世界、采集资源、合成物品及生存冒险等。——译者注

测量你的最佳状态

最佳状态量表

掌握程度得分	指标
3	掌握：我正在灵活而有意识地实施这个策略，以培养我的“最佳状态”。
2	发展：我接近于灵活而有意识地实施这个策略，以培养我的“最佳状态”。
1	开始：我决心实施这个策略，以培养我的“最佳状态”。

引导性问题
元习惯5：使用学习框架

关于使用学习框架的习惯：

1. 你目前处于最佳状态量表上的哪一级？

2. 你想达到最佳状态量表上的哪一级？

3. 你要怎么做才能达到这一级？

4. 你怎么知道你何时会达到这一级？

5. 你将如何向他人表达和展示你达到了这一级？

小　结

作为一名学生，在学校里，我花了很多时间，只是以最低限度的能力为导向，肤浅地涉及了一些内容。最低限度的能力导向非常适合填鸭式的记忆和背诵游戏，但它对于帮助我接近最佳学习状态却毫无用处。谈到学习音乐，埃迪·范·海伦的吉他演奏框架启发了我，让我养成了元学习的习惯，即通过使用框架来指导我的学习之旅，使我的学习情境化。

有些学习迷宫可能与其他迷宫相似，但没有两个是完全相同的。每一次前往某个新的学习迷宫中心都会产生新的知识，并且使我们有机会回顾之前掌握的学习迷宫，通过反思更好地了解如何优化知识生成。在下一章中，我们将探讨下一个元学习习惯的原因、内容和方法：建立富有想象力的联系，对我们的学习进行分类，并对我们的行动进行深刻反思。

第7章
养成联系、分类和反思的习惯

建立心理联系是我们最重要的学习工具，是人类智慧的本质，是建立联系，超越既定的范围，看清模式、关系和情境。

——玛丽莲·弗格森（Marilyn Ferguson）

埃迪·范·海伦的吉他演奏框架，就像学习迷宫的隐喻一样，对我找到最佳学习状态非常有帮助。我现在有了这些工具，可以更自信地探索和学习各种音乐流派，使自己远远超越三和弦摇滚歌曲。我开始培养元学习习惯，在心里将我的音乐学习迷宫分门别类，然后合并成更大的聚类，在每个聚类内和各聚类之间建立和扩展联系，其后再对我的整个学习过程进行深入反思。

扩充我的曲目

在我建立了自己的基础知识之后，我弹奏吉他的能力大大提高了，但是，使用埃迪·范·海伦的吉他演奏框架让我有了一个重要的元组织框架，它可以将我的音乐成长和进步情境化。我知道我会一直朝着那个难以琢磨、超凡脱俗的阶段努力，在那个阶段，我会形成自己的音乐表达风格。但是，我更加敏锐地意识到一种模式或一系列策略，它们帮助我优化学习新歌曲的方法，即在我正在学习的歌曲与我已经熟悉的歌曲之间建立联系，根据歌曲的相似性对其进行分类，并深刻反思和补充我的学习策略。

在这期间，我经常与新乐手们一起演奏和演出。他们让我接触了大量他们所喜爱的音乐形式。这就很自然地促使我去探索那些我以前根本不会考虑的音乐风格。在如此多的音乐流派中容易迷失方向，因此，我需要将我不断增长的知识整理成某种图式。

我发现，运用我的能力能够更有效地学习新的歌曲，使我的曲目更容易扩充和多样化。这种整理方式帮助我继续对自己正在探索的音乐进行概念分类。例如，几乎每一首摇滚独奏中都出现的五声音阶或五音阶，实际上是对我从查克·贝里的即兴小段中记住的蓝调音阶的改编和即兴创作。我发现，所有这些蓝调音阶都以蓝调音乐为基础。我开始更深入地了解蓝调的起源和意义，更充分地了解人类的故事——通过蓝调特有的“呼之即答”的乐句表达出来的奴役和压迫的毁灭性伤害。我对蓝调了解得越多，就越懂得蓝调中的音乐故事所唤起的感情是如何与人类固有的东西——悲伤、孤独、渴望紧密相连的。我似乎在学习一种全新的音乐表达的基本原理。

我开始识别使一首歌曲符合上级（较大）聚类或下级（较小）类别的模式。例如，一首属于蓝调的上级聚类的歌曲可能也符合一个独特的下级类别，如三角洲蓝调（Delta Blues）、芝加哥蓝调（Chicago Blues）、电蓝调（Electric Blues）或原声蓝调（Acoustic Blues）。根据风格上的异同将蓝调歌曲归入这些下级类别，使我对自己正在学习演奏的歌曲类型以及如何最好地演奏它有了更好的理解。蓝调成了一个上级聚类，我可以以我想要的任何方式在脑海中整理下级风格的歌曲。事实证明，将歌曲分为上级聚类和下级类别的过程，对记录我正在学习和演奏的所有歌曲都有极大的帮助。

在心里对音乐进行组织，也让我学会了如何将一首歌曲从一种音乐类别转换成另一种完全不同风格的类别。例如，鲍勃·迪伦（Bob Dylan）的经典民谣摇滚歌曲《叩响天堂之门》（*Knocking on Heaven's Door*）被埃里克·克莱普顿（Eric Clapton）以雷鬼风格演绎，堪称有史以来最伟大的翻唱作品之一。我学会了如何以不同的风格重新编排和演奏我最喜欢的歌曲。我发现，学习如何成为一名灵活的乐手，就是要识别歌曲的声音模式，将它们归入某个对我有意义的相关组织系统，然后能够在这些不同的系统之间进行切换。我的演奏曲目得到了极大的扩充。

我敏锐地意识到，我正在培养一种更高层次的音乐意识。创建一个由上级聚类和下级类别组成的组织图表，有助于我在所经历过的音乐学习迷宫中建立持久的心理联系，让我更接近自己的最佳学习状态。建立心理联系似乎是整理我的思维和学习的一种自然方式。最终，这个习惯帮助我整理我想学习的任何新知识。我养成了通过建立心理联系、对这些联系进行分类以及对整个过程进行反思来整理新知识聚类的习惯。

找到路径

将我的音乐学习之旅整理成相互关联的聚类和类别，培养了我的情绪思维。起初，我对自己学习和发现的各种令人难以置信的音乐感到畏惧。要了解和学习的东西太多了，有时很想拖延，甚至想放弃。但是，从混乱到控制的路径变得更加清晰了，因为无论内容如何，我都相信我有能力学会如何优化自己的学习。

一开始，记录我不断扩充的音乐曲目是相当具有挑战性的。设想更高层次的整理方案，使我对自己以及自己的学习能力更有信心。如果我能够在新的音乐学习迷宫中找到路径，就可以将同样的元习惯应用到任何学习迷宫中，不管是什么内容，我都能做到，而且效果很好。成功地将这种元学习习惯迁移到其他学科领域赋予了我这个学习者力量，帮助我获得了信心，使我有能力去接受更大的学习挑战，探索表达和再现知识获取的新方法。

建立和扩展音乐联系也帮助我改变了练习新歌曲的方式。我开始调整我的演奏风格，使之与我正在学习的音乐聚类相一致。例如，在学习如何演奏经典摇滚歌曲时，我采用了与学习充满拉丁风情的摇滚歌曲、南方摇滚歌曲或乡村华尔兹时完全不同的方法或策略。我逐渐形成并学会了巧妙地处理一系列新的音乐乐句和风格的方法，如平拨、指拨或弯曲和保持高音，这取决于我正在学习演奏的音乐类型。随着时间的推移和充分的练习，我不断地在我的音乐词汇中加入新的词语。因此，我也在我的模式素养工具箱中添加新的工具和策略。学会如何在恰当的时机使用合适的学习工具，是找到最佳学习状态的关键因素。

回想我所学的全部知识也让我非常满意。我会花时间深入思考我正在学习的新音阶、音调和模式，我会在脑海中想象出吉他指板上的音阶模式。当我在为某个即兴小段或独奏而苦恼时，我会想象自己能准确、合拍地演奏它。我不一定会纠结于我的错误，但是，为了减少失误，我确实会对它们进行反思。然后，我会把整个过程分成几段，练习每一段，直到掌握为止，之后再继续练习下一段。反思我的学习和演奏过程，有助于加强我正在应用的策略的影响，并验证它们是否有效。我的音乐学习日记中充满了想法、笔记、涂鸦和各种认知图，它们帮助我加速学习，这是采用其他方式不可能实现的。

养成将音乐类别整理成聚类的习惯也培养了我的认知思维。当我在流派和歌曲的上级聚类和下级类别之间建立更多的心理联系时，我实际上是在发展和加强大脑中的神经网络。正如第4章所提到的，沉浸式体验学习会使我们大脑中神经元周围的髓鞘变厚，提高生物化学电信号在神经元和神经元网络中移动的速度。因此，每当我建立、扩展和反思一个新的心理联系时，我都是在将学习体验编码到我的永久性神经网络中。

联系、分类和反思是什么样的？

当我学习一首新歌时，我会从音符开始。我喜欢把每一个音符都看作是一个独一无二的新词语，然后把这些音符排列成更大的即兴小段或旋律主题，接着把这些即兴小段组织成更大的旋律乐句，继而再把这些乐句归入我最喜欢的艺术家奥尔曼兄弟（Allman Brothers）、埃里克·克莱普顿、马克·克诺普勒（Mark Knopfler）或披头士的歌曲类别，之后再把这些歌曲纳入更大的音乐聚类中，如古典摇滚、南方摇滚、蓝调或索尔音乐（亦称灵魂乐）。音符、主题、乐句、歌曲、歌曲类别和流派，这些就是我用来帮助自己记录所有我逐渐喜爱和演奏的美妙音乐的组织结构。

在高中时，我就对学习生物科学，特别是生命形式的分类结构非常感兴趣，这可能不足为奇。我了解到，在18世纪，一位名叫卡尔·林奈（Carl Linnaeus）的瑞典植物学家根据生物的相似性和差异性开发了一套简明的生物分类系统，该系统已成为生物科学的支柱。林奈系统实际上是一种聚类分类法，有七个上级标题：界、门、纲、目、科、属和种。这些上级类群中的每一个都有具有相似特征的生物的下级类别。这种分类法被用来组织所有的生命形式，这真的很了不起。例如，我们都属于人属和智人种；但我们也属于原始人科，或具有类似人类面部特征和视觉的生物。我们有抓握的手指和锁骨，所以，我们属于灵长目。我们也有毛发、脊柱和独立运动的能力，因此，我们属于哺乳动物纲、脊索动物门和动物界。

我将我的音乐整理方案应用于相似的学习分类，作为一个聚类方案，用它来帮助我更好地联系、扩展和反思我在科学和其他学科中的学习。我从基础开始，比如关键词语，然后将这些词语整理成关于学习内容的更大的事实，接着将这些事实整理成更大的观点或概念，继而将这些观点整理成更大的类别，之后再将这些类别组织成更大的聚类。在下一节中，我们将利用这种心理结构来创建对你有意义的组织结构图。

T3学习迷宫目标规划表

使用图形组织器是帮助学生建立分类、联系和反思学习过程的有力方法。图形组织器，如韦恩图，有助于学习者实现如何与他们所获得的新知识进行互动、如何组织他们所获得的新知识。可以考虑使用或修改“学习迷宫目标规划表”（The Learning Maze Goal Planner）来帮助学生将掌握性学习目标分解为三个学习阶段：表层学习目标、深层学习目标和应用学习目标。完成该规划表的过程将有助于引导学生进行重要的元认知过程，即考虑、思考和讨论有助于他们在每个学习阶段学习的可行策略。之后，它将帮助他们分析为什么这些策略有效或无效。

“学习迷宫目标规划表”也会帮助学生将学习旅程情境化，甚至捕捉到他们的学习旅程，以便将它们联系起来并加以扩展。由于学习迷宫是在幻灯片应用中建立的，因此，学生可以将链接添加到他们已完成的学习成果中。这些学习成果包括但不限于超文本文档、幻灯片演示、电子表格、音频文件、视频文件、在《我的世界》中开发出来的游戏、以及各种学生生成的教程。学生可以将他们自己制作的图形组织器存储在云空间中，创建实际学习作品文件夹，以便于访问和累积对每次学习旅程的反思。

在向学生介绍这个图形组织器时，可以考虑提出，甚至发布这些引导性问题，以帮助他们建立和调整自己的学习策略，从而适应特定的学习阶段：

1. 我要掌握的学习目标是什么？

2. 表层掌握是什么样的？在这个阶段我要使用什么策略？

3. 深层掌握是什么样的？在这个阶段我要使用什么策略？

4. 我将如何应用我的知识？在这个阶段我要使用什么策略？

我们的知识宝库，或者说我们实际知识的核心——我们随着时间的推移获得并巩固而积累起来的知识，是我们一生中所有知识联系的基础。这个核心是具体经验、抽象思想和我们已经实现的学习迷宫之旅的混合体。我们越是深入反思我们所知道的以及我们是如何知道的，就越能有效地强化构成这一知识基础的神经网络。

聚类分类数字白板（The Cluster-Gories Jamboard）①可以帮助学生构建他们的反思性学习实践。首先让学生反思他们最近掌握的某个具有挑战性的学习迷宫，然后让学生用数字白板上的仿真"便利贴"贴纸工具记录他们所巩固的表层细节——词语、简单的细节和基本事实，

① 聚类分类数字白板是由谷歌创建的虚拟头脑风暴和协作工具。它允许用户在数字白板上创建和分享文字、图像、图纸等，并开展协作。这个工具对一起做项目的远程团队特别有用，因为他们可以实时给对方的想法添加评论。——译者注

这些都是他们永久自我的一部分，接下来，学生应该记录下他们获得的更深层次的概念性理解、建立的新联系、得出的见解以及做出的推论，最后，让学生记录他们如何迁移或应用从这个学习迷宫中获得的知识，去完成或实现不体验这一特定学习迷宫就无法完成或实现的事情。

这个数字白板实际上是一个交互式的元认知图形组织器，帮助学生记录他们在元学习旅程中收集到的所有信息。这方面的一个很好的例子就是标题为“我需要知道什么？”的第一张幻灯片，用它帮助学生思考他们最近成功完成的一个学习迷宫。让你的学生结对或小组合作，创建便利贴，记录他们所学的基础词语、简单事实和基本观点。

聚类分类

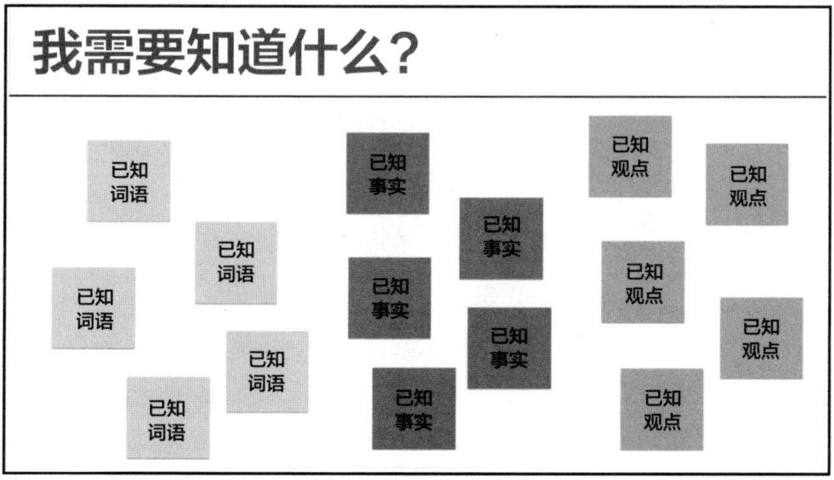

下一个任务是让学生把他们已经完成的学习迷宫整理成对他们有

意义的类别。例如，学生可能已经完成了以掌握加法、减法、乘法和除法为主的学习旅程。每个学习旅程都有明显的区别，但由于它们都侧重于培养数学常规，因此，可以将它们归入一个叫做数感的类别，数感属于名为“数学”的上级聚类。其他学习迷宫可能侧重于培养对背景、人物发展或故事理论的理解，这些自然属于文学类，文学类属于更大的聚类，即英语语言艺术范畴。其他培养学生对原子和分子、岩石和矿物或生物体的理解的学习迷宫，可以归入更大的名为“科学”聚类中的不同从属类别。学生选择确定的实际类别比分类过程本身更重要。只是要确保你的学生能够有意识地对他们的分组进行论证，并且有明确的理由创建对他们有意义的类别。

让你的学生浏览“聚类分类数字白板 ”中的第二张幻灯片，开始为他们的学习迷宫以及他们所学的相应词语、事实和观点创建类别。这是一个元学习的支架，可以帮助你的学生制定联系、分类和反思的策略，直到它成为一种习惯。通过这种练习，你的学生会更有意识地设想如何最好地建立自己的心理联系、分类和反思。

可以考虑让你的学生使用屏幕录制工具，如Screencastify，记录他们在创建每个类别时的主要想法、见解和任何推论。这可以单独、结对或以小组形式完成。对于小学年龄段的学生，我建议在老师的指导下，以集体活动的方式完成“聚类分类”。重要的是要让学生的思考和学习都是可见的、可存档的、可访问的。

学习类别

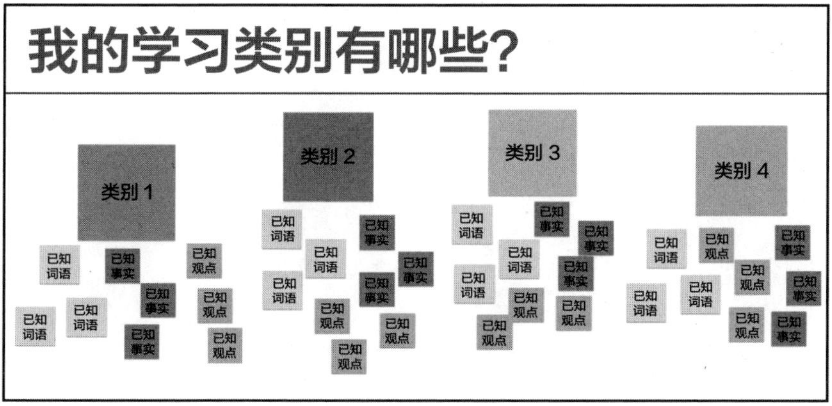

最后一步是让学生在心里把他们的学习类别组织成更大的聚类。这将使学生联系、扩展和反思其学习的能力提升至一个全新的水平。同样，他们选择的聚类理由或条件完全由他们自己决定。这将有助于他们更好地组织、联系和扩展他们先前的学习迷宫——并将他们用来完成每个学习迷宫的新学习工具添加到不断增长的学习工具箱中。随着时间的推移和充分的练习，这个过程将帮助你的学生更接近于实现他们的最佳学习状态。

让学生使用“聚类分类数字白板 ”中的第三张幻灯片来帮助他们将已经建立的学习类别组织成更大的聚类。使用这个元学习支架将有助于你的学生坚持实施这个策略，直到它成为一种习惯。同样，他们会更有意识地设想通过这种引导性的反思练习，使用对他们有意义的任何聚类标准，建立自己的心理联系和类别。

学习类别聚类

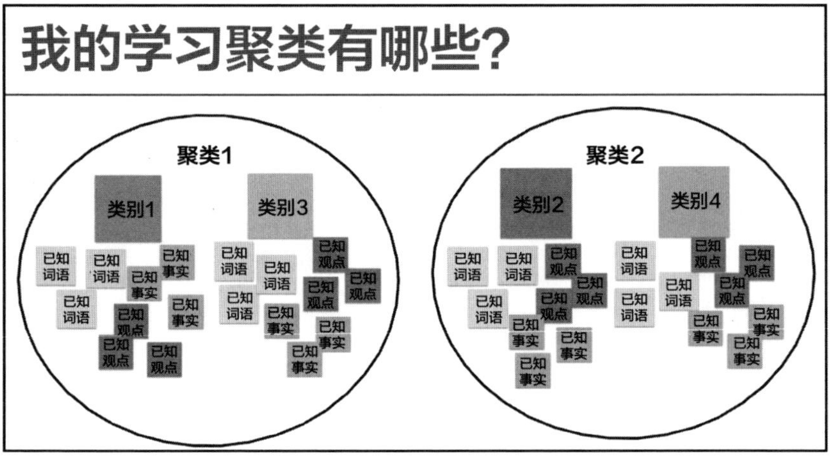

这里，要记住的一个关键点是，这样做的方法真的没有对错之分。这个过程应该完全由你和你的学生决定。“聚类分类数字白板 ”只是一种帮助你的学生组织如何建立联系、分类和反思他们的学习旅程的方法。随着日积月累的指导性的练习，久而久之，你的学生会把这种组织策略转化为一种元学习习惯。这将有助于他们更好地反思自己原有的知识基础，以便更容易地检索和利用这些知识来成功地探索越来越具有挑战性的学习迷宫。

测量你的最佳状态

最佳状态量表

掌握程度得分	指标
3	掌握：我正在灵活而有意识地实施这个策略，以培养我的"最佳状态"。
2	发展：我接近于灵活而有意识地实施这个策略，以培养我的"最佳状态"。
1	开始：我决心实施这个策略，以培养我的"最佳状态"。

引导性问题

元习惯6：联系、分类和反思

关于联系、分类和反思的习惯：

1. 你目前处于最佳状态量表上的哪一级？
2. 你想达到最佳状态量表上的哪一级？
3. 你要怎么做才能达到这一级？
4. 你怎么知道你何时会达到这一级？
5. 你将如何向他人表达和展示你达到了这一级？

小 结

培养对我们的学习迷宫体验进行联系、分类和反思的元习惯，是我们优化如何学习、归零学习和重构学习的最有效的方法之一。让你的学生使用超文本文档或开放式制作工具构建数字知识展览馆，将有助于他们更有目的地建立第六种元学习习惯。这种习惯不仅能够提高学习者将“知识块”编码为永久自我的能力，而且还能够通过反思将知识块组织为下级类别和上级聚类的选择标准，不断完善他们的心理组织策略。

由于人类的想象力是无止境的，因此，一个人如何在头脑中组织自己的学习迷宫也是无止境的。我们可以想象一本有不同章节的书、一个有嵌套文件的计算机界面，或者一个有不同扇门的柜子——但都有增长的空间。学习者显然可以受益于组织其学习体验的逻辑思维模式或基本原理，以便在恰当的时机获取正确的经验，从而成功地驾驭新的学习迷宫。重要的是，似乎随着人类越来越成功地探索不同的学习迷宫，无论我们选择进入哪种学习迷宫，都会提高整个学习过程的效率和效果。

在下一章中，我们将深入探讨最后一个元学习习惯：形成元反馈回路，以便在行动中更用心地反思，体验临场感的强大力量。

第 8 章 养成元反馈的习惯

学习者更需要无尽的反馈，而不是无尽的说教。

——格兰特 · 威金斯（Grant Wiggins）

将我的学习迷宫之旅分门别类，然后再整理成更大的聚类，这对加速我的学习有很大的帮助。这种心理分类系统也增强了我的能力，使我能够将自己对过去学习旅程的反思方式置于情境之中。这使我更容易以持续的方式回顾以前积累的学习经验。它加强了我的神经网络，增强了我的信心，使我有能力接受更大的学习挑战，更接近实现我的最佳学习状态。

当和许多其他乐手一起弹吉他时，我开始体验到了现场即兴演奏的乐趣和挑战，找到了在心醉神迷的佳境中演奏的新快感——整个乐队似乎轻松自如地同步演奏时的那种美妙的感觉。我认真地倾听着其他乐器的演奏声，以便加入其中即兴演奏。在那一刻，我完全沉醉在音乐创作之中。以前，在音乐表演结束之后，我习惯对自己的行为进行反思，但是，现在我开始体验在行动中反思。从那时起，我开始培养最后一个元学习习惯，它就是生成元反馈。

关于反馈

在学习吉他的这段时间，我从父母和朋友那里得到了很多关于我的演奏情况的反馈。这很令人鼓舞，但是，信号的来源是别人，而不是我。我对这种外部反馈的质量越来越不满意。它不是特别精确，这使得它似乎不那么有用。我会听到这样的评论："我真的很喜欢这首歌。"或者"朋友，你的声音听起来就像吉姆·克罗齐！"虽然这些评论满足了我的自尊心，但它们并没有真正帮助我提高。我母亲好像从来没有说过："在进入间奏之前，你应该把那个减弱的和弦多保持几拍。"我从其他人那里得到的这种反馈确实增强了我的信心，但它并没有对我的学习能力产生影响。

反馈的时机似乎也很重要。直到演奏结束后，我才会收到别人的反馈，这对演奏本身没有任何作用。我总是在错误的时间从错误的来源收到错误的反馈。

我意识到，一种更有价值的反馈直接来自我自己，是我作为整个团队的一部分在那一刻所奏出的声音和音调。我不再只是在表演结束后才反思自己的行为，而是学会了如何密切关注自己正在做的事情，同时从音乐角度关注大局。我学会了专注于自己的演奏在乐队中其他人的大背景下听起来如何。没有反馈间隔，我清楚地知道最终的结果应该是怎样的，所以，我可以在当下调整我的表演，以便与乐队同步演奏。我逐渐意识到，在行动中，我对自己的演奏和乐队的演奏同时进行反思的能力在不断地增强。

这是我第一次体验到部分和整体的元反馈；我是部分，而乐队是整体。我能够同时敏锐地了解自己的表演和乐队的表演——“树木”和“森林”，并且我可以随时修改和调整自己的表演。真正令人兴奋的不仅仅是演奏已知的即兴小段，而是能够在那一刻即兴发挥，并预测其他乐手要做什么。我发现，这种元反馈是一种在心醉神迷的佳境中演奏的更有效的方法。我通过成为自己的元反馈信号的来源来培养我自己的元学习能力。我养成了生成自己的元反馈回路来评估自己当下表现的习惯。

全身心地投入当下

生成元反馈的习惯是一种自律，有助于我们更加全身心地投入到学习生活的方方面面。保持临场感可以培养情绪思维。过后再对我们的行动进行反思，这对改进当下的表演的效用显然是有限的。然而，在行动中反思能够使我们在表演过程中同时认识到部分和整体之间的相互影响。

临场感是当下存在的艺术和科学。在表演或学习的时候，全身心地投入当下，能够使我们超越当前的环境，让我们同时看到树木和森林的罕见景象。这种元学习的习惯使我们能够超越自己的特质，接受一种更具包容性和贡献性的思维框架。保持临场感有助于将人的视角从“局部”转向“整体”——从孤立的“我”转向相互关联的“我们”。正是从这个高度的视角，我们才能获得超越。

在面对日常生活中各个方面的混乱和不确定性时，利用临场感的力量使我们更有自信，更不容易受其影响。获得并保持临场感能够使我们超越对过去的决定或事件的遗憾，从而释放出大量的心理和认知能量，保持临场感也有助于我们从任何潜在的担忧或焦虑中解放出来。这种综合效应能够使我们摆脱各种干扰，完全专注于优化我们当下无限学习的能力。

看来，人类天生就有保持临场感的本能。呼吸控制的艺术（在第3章中探讨过）是一种历史悠久的工具，通过保持临场感的训练来实现超越。参与这种练习会触发我们的大脑释放一种由多巴胺、血清素、催产素和内啡肽组成的混合物，这种混合物能够令人陶醉，从而积极地强化临场感体验。

事实上，“陶醉”一词来源于古希腊语ekstasis，其字面意思是“站在自身之外”。当我们能够站在自身之外，观察大局，从而超越当前的环境时，我们就会获得全新的视角。生成元反馈的元习惯是实现这一目标的途径。这种更高层次的视角使我们能够超越任何学习问题，获得比最初产生问题的意识更强的意识。这个观察不可小觑。

在行动中进行反思形成元反馈，还可以通过增强我们的效能感

（我们坚信我们绝对可以成就任何事情）来培养我们的认知思维。建立自我效能感，取决于我们是否有能力摆脱依赖外部反馈源的习惯，并重新学习如何产生我们自己的元反馈信号。这就是通往临场感的途径。只有通过临场感，我们才能将所有的元学习习惯综合成一个完整的整体，实现我们无限的潜力。因此，我们可以提出这样一个有力的论点，即“临场状态”是我们达到最佳学习状态的一个重要工具。

相比之下，在学校里，我养成了依赖课堂老师对我的学习成绩进行反馈的习惯。我的老师提供给我的反馈信号，通常是在评估进行了几天或几周后的终结性考试得出的百分比分数或字母等级。这种延迟极大地降低了反馈的反思或元认知价值，因此，对提高我的学习成绩几乎没有什么帮助。这种习惯造成了我对老师的依赖，让他们为我做所有的反思性工作。

学习如何在当下演奏音乐，帮助我摆脱了依赖外部反馈来源的习惯，并学会了如何生成自己设计的元反馈回路。这个过程既令人快乐又赋予人力量。我生成的元反馈回路非常有用，因为我是信号的来源，而不是其他人或其他东西。这使我能够同时专注于我的表演部分以及它与整个表演的关系。在思考当下的学习及其与我试图实现的更大的目标如何相关时，反馈回路中没有延迟，这使我有了更强的控制感和目标感。我开始认识到一个更大、更有效的元意识系统，我可以随时使用它。

什么是元反馈？

元反馈是一个更高层次的信息处理系统，所有人都拥有它。当人们意识到元反馈的存在时，它就变得唾手可得。然而，问题是，这种天生的能力经常被闲置，最终使我们无法在最佳学习状态下充分地学习。元反馈回路的工作原理与第3章中描述的其他反馈回路大致相同：有一个信号源、一个信号和一个重复的回路，其中信号返回到原始信号源。关键的区别在于，元反馈回路刺激了人类最高水平的认知和感知：元意识系统。

元意识系统能够感知我们当下正在执行的任务（“树木”）以及这些任务发生的更大的背景（“森林”）。运用元意识系统使我们能够超越当下，同时感知部分和整体。正是元意识系统赋予人类非凡的能力，使其意识到正念的强大力量。

有令人鼓舞的迹象表明，教育系统已经开始逐渐地从最大限度的记忆转向整体性学习系统，注重整体性学习者的幸福感和掌握能力。这是我们对学校教育系统感到乐观的理由。这一转变的一个标志是，人们更加关注学习过程，而不是学习内容。我们似乎正处在一场教育变革的风口浪尖上，这场革命可能——希望会——强调元学习，而不是简单的知识反刍。

也许这一转变最令人鼓舞的标志是加大了在 K–12教育系统中发展正念练习的力度。越来越多的证据表明，无限的学习能力是正念参与前额叶皮层（人类执行功能的所在地）的作用。这是一个极为重要的研究领域，对彻底重塑现代学校教育的本质具有深远的意义。然而，对于正念到底是什么，似乎也有很多模棱两可的说法。正念是不是像一个二元开关，要么“开”，要么“关”，还是正念的程度有更多细微的差别？

正念分类法

本着促进这一重要对话的精神，为了更好地定义正念，我想分享一个分类法。首先，这里有一个关于正念的有效解释：正念是一种生成元反馈的训练，旨在提高人们对当下的感受和想法的意识，并根据这两者选择最佳行动。我所提出的解释包含了一种有细微差别的方法，可以分五个阶段实施正念练习。理解并通过这个正念分类的每一个阶段，可以发展我们的元意识系统，让我们在最佳学习状态下拥有更强、更持久的临场感。

正念分类法

阶段5：元意识系统

阶段4：元认知系统

阶段3：理解

阶段2：知识获取

阶段1：情绪调节

阶段1：情绪调节

正念的第一个阶段涉及更多地了解我们当下的情绪状态，然后，通过横膈膜呼吸控制过程来调节我们的情绪。这一连串的呼吸将帮助你放慢速度，减少与挑战性情况相关的情绪焦虑，比如深度学习。

这一点非常重要，它应该成为我们日常生活习惯的一部分。想一想，一醒来，你就做几次横膈膜呼吸，然后，在晚上睡觉之前，再做几次，这样可以舒缓日常生活的意识。你会发现，你的情绪状态将变得更加可控，从而产生更大的满足感。随着你继续调节自己的情绪，你会开始体验到内心的宁静所带来的从容。

阶段2：知识获取

第二个阶段是知识获取阶段。这是我们在获取表层信息（新的特定内容的词语、基本事实，以及从这些事实中归纳出来的更大的观点）时进入新的学习迷宫的阶段。在知识获取阶段的行动中进行反思，可以使我们更有效、更高效地将新的表层内容信息从工作记忆中转移到我们更持久的记忆系统中。虽然这个阶段很重要，但更重要的是，从快速获得的表面事实转向更深层次的理解和意义建构，这将把我们带入这个分类法的下一个阶段。

阶段3：理解

这个元系统的第三个阶段是我们的理解阶段。在这个阶段，我们通过更仔细地检查那些表层学习细节，进入学习迷宫的中心。我们现在可以在行动中反思我们新获得的词语、事实和观点的相似性和差异性，然后，将它们整理成下级类别和上级聚类。要做到这一点，我们必须建立我们的默认（记忆）和推理（逻辑）思维系统。在这个过程中，我们被改变了。我们经历了一次蜕变，走出每一个学习迷宫时，我们的认知和意识水平都比以前更高了。只有这样，我们才能进入下一个阶段。

阶段4：元认知系统

第四个阶段是元认知系统。这是我们深入思考自己的思维和反思自己的学习的阶段。如前一章所述，这是对行动的反思，因为它发生在学习阶段结束之后。这种方法可以让我们回顾我们的思维和用来实现学习的学习策略。对我们的思维和学习进行思考，有助于巩固我们所获得的表层知识和深层知识。

阶段5：元意识系统

这个分类法的第五个也是最后一个阶段是元意识系统。在这个阶段，我们通过站在自身和环境之外，了解自己所处的位置。参与元反馈可以激活我们的元意识系统，使我们在掌握具有挑战性的学习任务时获得更大的视角，同时了解更大的背景——这些任务如何与我们的目标和愿望关联的大局。通过对正在发生的行动进行深刻的反思，我们会更加全身心地投入到当下。这是我们将最佳表现拼图的最后一块拼在一起、进入最佳学习和表现状态的时候。

找到心流

利用元意识系统可以让我们在行动发生的精确时刻对其进行深刻反思。元意识系统对我们来说是随时可用的。虽然一开始似乎很难实现或激活元意识系统，但建立元意识系统的过程其实很简单。我们所要做的就是参与其中，任何人都能做到这一点，只是需要练习。第一次尝试时，这可能会显得很笨拙，但通过练习，这种能力将满足你的不时之需。

了解这个正念分类法将有助于学习者实施元反馈策略，找到他们的最佳学习状态。米哈里·契克森米哈赖（Mihaly Csikszentmihalyi）教授在他的开创性著作《心流》中，综合了几十年来对积极心理学的研究，描述了一种“心流状态”（flow state），在这种状态下，受试者通过追求体育、艺术、舞蹈和音乐方面的最优化，在行动中体验到一种超越。契克森米哈赖对“心流”的描述建立在古老的道家哲学核心“虚极静笃”的基础上，可以作为最佳学习状态概念的补充，在这种状态下，我们在掌握略微超出我们能力范围的知识时会体验到无上的快乐。当我们经历这样的时刻时，我们会欣喜若狂；时间似乎静止不动；我们不会感到疲惫，反而会因为这种体验而充满活力。我们的心流就是我们发掘最佳学习状态的地方。

我想让你做个可视化练习，看看让你的元意识系统参与进来是多么容易。首先，你需要惬意舒服地做横膈膜呼吸练习，这样你就能完全放松，处于警觉状态，并全身心地投入到当下。（记住：闭上你的眼睛，从横膈膜吸气四拍，屏住呼吸四拍，呼气六拍，停顿两拍，然后重复。）一旦你完全放松，处于警觉状态，就闭上眼睛，想象自己的身体上升到自己之上，以获得更大的背景感，想象你在当前位置俯视着自己，想象此时此刻你的大环境。如果你在外面，就从上面看你周围的环境是什么样子；如果你在里面，就从更高的有利位置看房间是什么样子。以及从本质上讲，你所处的大环境是什么样的。

一旦你心目中捕捉到了大环境，就花点时间把你刚刚想象到的东西画成草图。草图的质量并不重要，试着抓住这种高度的视角的本质就行了。这就是你如何建立站在自身之外的练习，以确定和更充分地欣赏时空中独特时刻的微妙品质。

可以考虑引导你的学生进行这种练习，鼓励他们在家里、在参与体育赛事之前或音乐表演之前进行练习，让自己处于放松性警觉状态。这样做将有助于他们完善这种强大的能力，通过在时间和空间上获得更全面的体验（部分和整体）来超越当下。你的学生会发现，在这两种观点之间来回切换变得相对容易了。

现在轮到知识迁移了。给自己一点时间来练习运用这一策略，以了解你希望改进的任何学习挑战或绩效任务。例如，我非常幸运地获得了西雅图大学的教育领导力博士学位。在每次小组会议之前，我都会花五分钟时间来回顾一下这段艰难的旅程。我会早早去上课，在校园里找一个空房间，然后坐在那里，在黑暗中练习呼吸和想象。我首先会进行感恩反思，然后肯定自己的学习能力，并把这一刻与我的更大的使命（改进教学实践，让世界变得更美好）联系起来。这种基础训练体验每次都激励着我。只要五分钟，我就会抛开所有的疑虑，充满激情，准备学习和贡献。任何人都能做到这一点。

允许自己想象一下自己此刻正在做的事情，以及它与大局（你的经历和更大的抱负）之间的关系。坚持培养这种能力，你会发现，在最具挑战性的时刻，你可以通过超越当下，摆脱烦躁，意识到当下的美妙，获得有价值的视角。这就是你发现最佳学习状态的地方。

测量你的最佳状态

最佳状态量表

掌握程度得分	指标
3	掌握：我正在灵活而有意识地实施这个策略，以培养我的“最佳状态”。
2	发展：我接近于灵活而有意识地实施这个策略，以培养我的“最佳状态”。
1	开始：我决心实施这个策略，以培养我的“最佳状态”。

引导性问题

元习惯7：使用元反馈

关于使用元反馈的习惯：

1. 你目前处于最佳状态量表上的哪一级？

2. 你想达到最佳状态量表上的哪一级？

3. 你要怎么做才能达到这一级？

4. 你怎么知道你何时会达到这一级？

5.你将如何向他人表达和展示你达到了这一级？

小　结

生成我们自己的元反馈的策略，能够使我们认识并参与自己的元意识系统，即我们整个生命的首要执行功能，培养我们与生俱来的无限的学习能力。激活元意识是一种很有效的练习，有助于你超越当下，追求卓越，逐渐接近实现你的无限潜能。在最佳状态下学习实际上是培养元学习习惯的一个函数，这些习惯帮助我们从肤浅的、暂时的知识记忆转向更深层的概念理解、意义构建和元学习。

在最后一章中，我们将用一个简单而有效的掌握量表来建构所有的元学习习惯，以帮助你更加专注地成为一个元学习者。

第 9 章 融会贯通

整体不等于部分之和，因为求和是一个毫无意义的过程，而整体与部分的关系才是有意义的。

——库尔特·考夫卡（Kurt Koffka）

大局观

知道这七个元学习习惯是什么很重要，但更重要的是将这些习惯全部付诸行动，并评估它们对你的幸福感和掌控感的影响。当学习者将所有这些习惯有意识地付诸实践时，他们实际上创造了另一种东西：一个更高层次的相互依赖的自我。如果你和你的学生一直在坚持完成每一章末尾的练习，那么，你们已经步入正轨了（你们可以随时回到任何章节，更新流程）。从元学习理论到行动，是实现我们的最佳学习状态和无限的贡献型学习潜能的最可靠的方法。

我想提供一个有用的元学习行动计划，帮助你的学生可靠地参与元学习系统。这个元学习行动计划是由亚伯拉罕·马斯洛（Abraham Maslow）的需求层次（生理需求、安全需求、爱和归属需求、自尊需求和自我实现需求）中的最后一个层次决定的。

元学习行动计划由四个阶段组成，这四个阶段是由实证研究和实践经验综合而成的：

1. 自我反思促成更好的自我调节。

2. 自我调节促成更强的自我意识。

3. 自我意识促成更强的自我决定。

4. 自我决定促成更大的自我实现。

马加纳的元学习行动计划

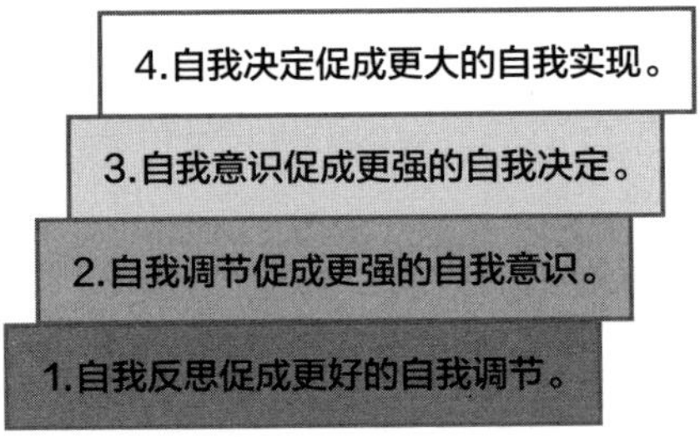

1. 自我反思促成更好的自我调节

千里之行，始于足下。自我实现的第一步是自我反思。自我反思是指我们在经历这些感受和想法的那一刻，有意识地关注自己的情绪和认知想法的过程。当我们从日常工作中抽出时间停下来，喘口气，顾及自己的情绪和思想时，我们就会变得与自己更加合拍。对话可能是这样的："此时此刻，我对自己的进展感到非常满意。"或者"我在决定采取哪种方案来解决这个问题。"对话本身并不重要，重要的是停下来，倾听自己内心的声音，做横膈膜呼吸练习。暂停和调节呼吸的简单动作会对你产生较大的影响，使你有策略来调节自己的情绪状态和努力程度——我们可以控制的、最佳学习的两个要素。随着时间的推移和不断的练习，你会发现，你的高潮不会太高，低谷也不会太低，这都是因为你的行动，而不是别人的行动。

2.自我调节促成更强的自我意识

意识到我们自己和我们作为独特人类的身份是我们需要拥有和庆祝的东西，否则，我们就有可能把自己身份的所有权拱手让给他人，这会使我们处于极度无能的境地。此外，对我们的情绪状态和思想进行更好的调节会促成更强的自我意识。这是一个可能包括挣扎甚至艰辛的过程，就像荷花从淤泥中绽放一样，只有坚持不懈的努力，我们才能深刻地认识自己。通过调节和控制我们的呼吸来持续调节我们的情绪和思想的过程，对我们的自我意识、幸福感和无限的学习能力具有积极的影响和复利效应。

3.自我意识促成更强的自我决定

获得更强的自我意识为自我决定或自我效能打开了大门。自我决定是一种完全赋权的状态，在这种状态下，我们完全期望实现我们为自己设定的目标。它是一种根深蒂固的信念，即我们完全可以实现任何事情。我们的自我决定感越强，就越能够承诺为自己实现更具挑战性的目标和目的。这一切都始于你在心中对目标的构想：你接下来要实现的是什么？而后是相信：你必须深信你有能力实现你想要实现的任何目标。这个过程以实现为终点：只要你承诺投入任何必要的努力，那么，你希望实现的任何目标都可以实现。

4.自我决定促成更大的自我实现

自我决定性越强，自我实现的水平就越高，我们无限的潜能也就越能实现。自我实现的有趣之处在于它不是目的地。坐在所谓的巅峰上休息，思考一生的成就，这种愿景是一个神话。事实上，自我实现是一段旅程。它是一个过程，而不是一个地点。不断突破我们所知道的和我们认为自己可以做到的界限，这个过程是一种训练，它使我们更接近充分地实现自己无限的潜能。它是一种超越性的追求，追求不可言说的东西、认识自我。

在乐队里演奏

那么，摇滚乐和无限学习有什么共同之处呢？事实证明，它们的共同之处相当多。学习如何演奏摇滚乐帮助我学会了发现和培养这七个元学习习惯。把这七个习惯放在一起就形成了一个整体，这个整体远远大于单独的每一个部分。这些习惯的序列成为一生中一系列有趣的学习之旅的蓝图。这些旅程的积淀把我带到了学习生活中的美妙时刻。

我一生中的大部分时间都在践行这七个学习习惯。这些习惯帮助我从一个害羞的孩子成长为一个贡献型的学习者，我决心利用我的学习、知识和技能，改善学生、教师和教育领导者的生活，从而使世界变得更美好。我一生都致力于激励学生们找到他们自己的最佳学习状态，并为他们的追随者指明前进的道路。1995年，我创办了华盛顿州第一所网络学校，并担任该校校长。这所学校设置了分布式学习项目，旨在满足那些有可能无法完成高中学业的学生的需求。这所网络学校的创建是为了培养学生的元学习习惯，以便他们找到最佳学习和自我实现的途径。从数字上看，这所网络学校非常成功，其毕业率远远超过了当地和州的毕业率，因此赢得了荣誉，成为第一个获得华盛顿州蓝丝带学术成长奖的非传统型学习项目。

我的学生们的个人故事太多了，无法分享，但正是这些个人的故事，让我们更清楚地了解了这种模式对我的学生产生的影响。几年前，我收到了一封电子邮件，是以前在我的网络学校上学的一个学生发来的。虽然我和我们所有人一样，都还在进步中，但我的学生的有力信息雄辩地阐明了我正在努力成为一名学习者、一名教师和一位贡献型社会成员。

桑尼（Sonny）：

您好！

我是您以前的学生，1998年和1999年在网络学校学习过。我只是想感谢您所做的一切。那时候的我一团糟，这些年来，我也失败过好几次，但我都重新振作起来了——更重要的是，我愿意从错误中学习——这是您告知、指引、教导我的直接结果。那时候，您真的是我唯一可以求助的人，或者说是唯一真正关心我在做什么的人。即使没有后知后觉、追溯往事，我也能感受到您当时对我的真正关心和照顾，而当时，在我的生活中，这种关怀基本上是不存在的。

现在，事后看来，我比以往任何时候都更清楚，我是一个什么样的人，我是如何看待、分析和领会事物的，这些都是您心甘情愿地坚持不懈的直接结果，尽管我在您和我面前设置了许多（许多都是轻描淡写的！）壁垒和障碍。在我迄今为止的生活中，您教给我的那些工具（尽管我当时没有利用这些工具，但我很尊重您，知道它们的价值，并把它们珍藏起来了）一次又一次被证明是无价的。对我来说，高中是一段艰难的时光，无论是在校内，还是在校外，我觉得我的家庭生活和我所做的个人选择决定了我是谁，并最终决定了我在学校成为什么样的人。这就是我最终进入你们网络学校的原因。

我走进您的教室时充满了怨恨和绝望，这被一种狂妄的态度所掩盖，完全没有任何的尊重。在网络学校的那段时间里，我觉得我从您那里学到的东西比在其他任何地方学到的都多，的确是这样。我相信这对我来说很重要，它最终改变了我的整个人生观，因为我从您那里学到的东西并不是来自书本或教案。我学会了生活、学会了善良、学会了尊重他人，学会了为什么要这样做；我学会了承认自己的错误（我永远不会忘记您抓到我抄袭论文！），并为此承担责任，而不必知道结果，相信做正确的事情最终会让我走得更远；我学会了不因自己的错误而责怪别人；我学会了认识自己的潜能，并毫无顾忌地相信自己的潜能；我明白了沮丧和受伤是正常的，要正确地分析和消化这些情绪，而不是感情用事。我受益颇多，不胜枚举。

对我来说最重要的是，我学会了如何做人。我认识您的时候，我父亲已经对我下了限制令。当时，我药物成瘾有段时间了，但每天我都还能坚持去上您的课，我坚信这就是原因所在。我的生活中没有积极的一面，当时没有家人相伴，没有榜样。而您不知从何而来，在我生活中扮演了这个角色，这却对您自己没有任何好处。我很高兴我当时能够看到这一点，并使之一直与我相伴。它确实成就了今天的我。正是因为它，我能够看到周围所有的美好、对人有信心、能够欣赏最微小的事物，即使是在事情最糟糕、无比绝望的时候。

我绝对爱我自己，爱我的价值观，我绝对毫无疑问地相信自己。我成为什么样的人改变了我生活中的一切。我有真正的朋友，真挚的感情，我和我父亲比以往任何时候都更亲密了。这些年来发生了太多消极的事情，这些事情通常情况下会让人崩溃，但我现在认为，每一种情况都让我变得更强大。我坚定不移地认为，这和您有直接的关系，所以，我由衷地感谢您，感谢您所做的一切，感谢您至今仍在做的一切。

在其他人（包括我自己）都放弃的时候，您却相信我，对我不离不弃。所以，再次感谢您。即使您不记得我，您也应该感到欣慰，因为您至少影响了一个人的人生。这些年来，因为您，我学到的是，每一个生命都和下一个生命一样美丽，也和所有的生命作为一个整体一样美丽。因此，有责任使之成为现实……这是了不起的壮举，我的良师益友。再次感谢您所做的一切。您的建议和关怀将继续塑造我的未来，使我能够看到每件事和每个人身上的美，更重要的是教会他们如何看到同样的美。

致以最崇高的敬意与钦佩

克里斯·西格尔（Chris Siegel）

网络学校1999级学生

这封邮件完全出乎我的意料，至今仍触动着我的心，我简直无法形容。愿网络学校能够创造并保持体验式的学习环境，帮助有风险的学生认识到，元学习不仅仅发生在教室里，而且可以——应该——发生在任何地方、任何时间，并且贯穿一生。终身热爱无限的学习是我们与生俱来的权利。

未来的路

重要的是要考虑到，元学习不是一个目的地，而是一段永无止境的旅程，充满了关于我们自己和无限连接的世界的奇妙发现，我们是其中不可分割的一部分。这似乎令人生畏，但经过更深入的思考，你会意识到，这种观点给了你冒险、失败、从失败中吸取教训并再次尝试的自由。按照这种自古以来的惯例，我们养成了以最佳方式学习的习惯。

我们现在生活在一个波动性、不确定性、混乱性和模糊性成为新常态的世界中。如果阿尔文·托夫勒（Alvin Toffler）是对的，我认为他是对的，那么元学习——学习如何优化我们的学习、归零学习和重构学习——就是21世纪及以后的基本素养。在历史的这一刻，人类一年365天，一天24小时都可以获取信息。然而，我们也比人类历史上任何时候都更容易受到错误信息、操纵行为、鼓吹言论和有害阴谋论的影响。这更强调了培养学生的这些能力的重要性，即学习有用的东西，放弃学习无用的东西，并带着自信、乐观和希望重新学习，为所有人建设一个更美好的未来。

我们可以立即使用的最重要的技术是全心全意。这是我们能够找到最佳学习状态的地方；这是我们能够找到真正热爱学习的感觉的地方。如果我们幸运的话，余生都可以这么做。如果我们足够幸运的话，还可以邀请尽可能多的人爱上学习。这就是最佳状态所在——找到你的最佳学习状态，然后帮助他人找到他们的最佳学习状态。前方的路，在向你招手。享受每一步……坚持下去！

REFERENCES

参考文献

Benson, H. 1975. *The Relaxation Response.* New York: HarperCollins.

Benson, H., and W. Proctor. 1987. *Your Maximum Mind.* New York: Crown Publishing.

Benson, H., and W. Proctor. 2010. *Relaxation Revolution: The Science and Genetics of Mind Body Healing.* New York: Simon & Schuster.

Blackburn, E., and E. Epel. 2017. *The Telomere Effect: A Revolutionary Approach to Living Younger, Healthier, Longer.* New York: Grand Central Publishing.

Bransford, J., A. L. Brown, and R. R. Cocking. 2000. *How People Learn: Brain, Mind, Experience and School.* Washington, DC: National Academy Press.

Breuning, L. 2018. "Stimulating Dopamine, Serotonin, Oxytocin and Endorphin by Learning How They' re Stimulated in Animals." *Journal of*

Medical-Clinical Research & Reviews 2, no. 4. www.researchgate.net/publication/330782045_Stimulating_Dopamine_Serotonin_Oxytocin_and_Endorphin_by_Learning_How_They%27re_Stimulated_in_Animals.

Bruner, J. S. 1968. *Toward a Theory of Instruction.* Cambridge, MA: Harvard University Press.

Csikszentmihalyi, M. 1990. *Flow: The Psychology of Optimal Experience.* New York: Harper & Row.

Dewey, J. 1938. *Experience and Education.* New York: Kappa Delta Pi.

Goleman, D. 1995. *Emotional Intelligence.* New York: Bantam Books.

Harari, Y. N. 2015. *Sapiens: A Brief History of Humankind.* New York: Harper Perennial.

Haystead, M., and S. Magana. 2013. "Using Technology to Enhance the Art and Science of Teaching Framework: A Descriptive Case Study." Denver, CO: Marzano Research.

Hattie, J. 2008. *Visible Learning: A Synthesis of over 800 Meta-Analyses Relating to Achievement.* New York: Routledge.

Hattie, J. 2012. *Visible Learning for Teachers: Maximizing Impact on Learning.* New York: Routledge.

Javid, M. 2000. "Portrait of a Symbiotic Model for a Working Cyberschool: A Two-Year Case Study of a Technology Driven Public High School." Unpublished doctoral dissertation, Seattle University.

Laozi and Chan, W. (1963). *The Way of Lao Tzu (Tao–te ching).* Upper Saddle River, NJ: Prentice–Hall.

Magana, S. 2016. "Enhancing the Art and Science of Teaching with Technology: A Model for Improving Learning for All Students." Unpublished doctoral dissertation, Seattle University.

Magana, S. 2017. *Disruptive Classroom Technologies: A Framework for Innovation in Education.* Thousand Oaks, CA: Corwin Press.

Magana, S. 2019. *"Disruptive Classroom Technologies Research Review."* In *Oxford Research Encyclopedia of Education.* doi.org/10.1093/acrefore/9780190264093.013.423.

Magana, S., and R. J. Marzano. 2014. *Enhancing the Art and Science of Teaching with Technology.* Bloomington, IN: Solution Tree Press.

Marzano, R. J. 2007. *The Art and Science of Teaching: A Comprehensive Framework for Effective Instruction.* Alexandria, VA: Association for Supervision and Curriculum Development.

Marzano, R. J., D. J. Pickering, and J. E. Pollock. 2001. *Classroom Instruction That Works: Research–Based Strategies for Increasing Student Achievement.* Alexandria, VA: Association for Supervision and Curriculum Development.

Maslow, A. H. 1943. "A Theory of Human Motivation." *Psychological Review* 50, no. 4: 430 – 437.

Medina, J. 2008. *Brain Rules: 12 Principles for Surviving and Thriving at Work, Home and School*. Seattle, WA: Pear Press.

Murray, W. H. 1951. *The Scottish Himalayan Expedition.* London: Dent.

Vygotsky, L. 1978. *Mind in Society.* Cambridge, MA: Harvard University Press.

ACKNOWLEDGMENTS

致 谢

找到并保持最佳学习状态是一项团队活动，写书也是如此。我想对我以前在ACES非传统型高中和ACES网络学校工作时教过的所有学生表示感谢——特别是温迪·史密斯（Wendy Smith）和克里斯·西格尔（Chris Siegel），感谢他们对本书的慷慨贡献。我非常感谢罗伯特·J. 马扎诺博士（Dr. Robert J. Marzano）和约翰·哈蒂教授（Professor John Hattie）的亲切指导和支持。我还要感谢迈克·查克斯博士（Dr. Mike Chaix）、罗伯特·麦科勒姆博士（Dr. Robert McCollum）、凯西·雷兹尼切克博士（Dr. Cathy Reznicek）、朱莉·贾德博士（Dr. Julie Judd）、卡拉·特勒·阿兰达博士（Dr. Carla Taughler Aranda）、迈克尔·麦考密克博士（Dr. Mike McCormick）、里克·奥瑟（Rick Oser）、达娜·汤普森（Dana Thompson）、费塞尔·贝尔（Faysel Bell）、亚伦·琼斯（Aaron Jones）、克里斯蒂·奎瓦斯（Christie Cuevas）、詹妮弗·古德曼（Jennifer Goodman）、希瑟·埃斯波西托（Heather Esposito）、艾利森·斯塔芬（Allison Staffin）、杰伊·索伦森（Jay Sorensen）、爱丽丝·基勒（Alice Keeler）、我尊敬的同事玛莲娜·赫伯恩（Marlena Hebern）、乔恩·科里波（Jon Corippo）、雪莱（Shelley）、戴夫·伯吉斯（Dave Burgess）以及DBCI的整个团队，感谢他们相信我的这个“在最佳状态下……”系列愿景。

ABOUT AUTHOR

作者简介

桑尼·马加纳博士是数字时代学习的先驱。1995年，桑尼创办了华盛顿州第一所网络学校，并担任该校校长——这所学校至今仍在为有需求的学生服务。桑尼是一名屡获殊荣的教师和研究人员，著有畅销书《颠覆性课堂技术》，该书介绍了现代的新一代教学法——T3框架。T3框架被证明能可靠地加速学生的学习，并被收入《牛津教育研究百科全书》。罗伯特·马扎诺博士（Dr. Robert Marzano）认为桑尼的著作“富有远见、鼓舞人心”，迈克尔·富兰教授（Professor Michael Fullan）认为它是“我们在理解和使用技术促进学习方面的一个重大突破”，约翰·哈蒂教授（Professor John Hattie）称其为“我们在理解可见的学习模型上向前迈出的一大步”。

作为一名狂热的瑜伽练习者、音乐家和登山家，桑尼获得了米尔肯家庭基金会教育家奖（The Milken Family Foundation Educator Award）、首届华盛顿州长卓越教育表彰奖（The Inaugural Washington Governor's Commendation for Educational Excellence）以及由《教育技术文摘》（*EdTech Digest*）颁发的全球教育领袖奖（The Global Education Leadership Award），并被评为教育界最具影响力的人物之一。他拥有斯托克顿大学（Stockton University）的理学学士学位、城市大学（City University）的教育学硕士学位以及西雅图大学（Seattle University）的教育领导学管理证书和博士学位。他已经登上了家乡华盛顿州的最高峰，在那里将继续追求他的爱好——户外活动。

终身学习

让学生在未来拥有不可替代的决胜力

入选中国教育新闻网2020年度影响教师的100本书

ISBN 9787515360560
作者：［美］查德·拉特利夫
　　　　帕姆·莫兰
　　　　伊拉·索科尔
出版时间：2020.9
定价：49.90元

★ 内容简介

人类社会正在经历前所未有的巨大变革，未来是极为不确定的，为了帮助学生为崭新时代的到来做好准备，我们需要从根本上重新思考学习。本书作者深入研究高效的教学策略，整合创新技术、教学实践和学习环境设计，为教师提供了关于全速迈入"终身学习"时代的教学指南：

- 零基础设计：利用最小的限制性，实现最大的创新性
- 发掘"以项目为基础，以学生为主导"的教学模式
- 倡导有机化学习：开放而非固化的思维模式
- 对互联的、互动性的数字化学习方式进行运用

如果你对如何将理论付诸实践感兴趣，此书就是为你量身打造的。学会激励和信任学生，与他们共同创造新的学习方式，帮助学生在智能时代拥有不可替代的决胜力。

★ 作者简介

查德·拉特利夫，曾在白宫代表创新教学项目为美国国家科学基金会发表演讲。在2017年，被美国学校理事协会授予"最受瞩目的20名教育工作者"称号。

帕姆·莫兰，2016年美国弗吉尼亚州年度管理者。她所负责的学区获得了无数的奖项和荣誉，并成为美国最成功的教育部门之一，毕业率达到95%。

伊拉·索科尔，阿尔伯马尔湾公立学校学习技术和创新主任。他曾担任3~12年级一对一项目实施负责人，主持并领导学习空间创新工作。

ISBN：978-7-5153-6807-8
作者：[英] 布拉德利 · 布什
爱德华 · 沃森

学习的科学

每位教师都应知道的99项教育研究成果（升级版）

前作《学习的科学》入选中国教育新闻网2021年度“影响教师的100本书”2022年“全国教师暑期阅读书目”

《可见的学习》作者、墨尔本大学教育研究所所长约翰 · 哈蒂作序推荐

浙江大学教育学院课程与学习科学系教授盛群力审校

浙江理想教育研究院院长、正高级教师、享受国务院特殊津贴专家滕梅芳翻译

★ 前作《学习的科学：每位教师都应知道的77项教育研究成果》受到广大教师的赞誉。本书在前作基础上，新增22项经典教育研究成果。

★ 资深心理学家布拉德利 · 布什不仅为教师深入浅出地介绍了99项专业教育科研成果，还为教师提供课堂启示，帮助教师理解并快速运用。

★ 本书立足于科学与教学的融合，帮助教师利用先进的教育研究成果提升教学质量、改善课堂教学、提高信息化素养，更科学更有效地开展教学工作。

★ 本书致力于让教师对日常教学更有把握，对教学设计更得心应手，对教学改革理解更深入，对实现义务教育课程标准更顺利。

内容简介：为了使教师能高效地帮助学生学习，《学习的科学（升级版）》新增了22项新研究，将99项关于学习的重要且具影响力的研究转化为通俗易懂的便览，涵盖了认知负荷理论、幸福感和在考试压力下表现良好等关键问题。

教师从本书中学习并理解重要的心理学研究成果，从而帮助学生促进其在学校中的思维、情感和行为方式。

本书从记忆、动机和心理弹性、自我调节和元认知、学生行为、教师态度期望和行为、家庭教育、思维偏见7个方面介绍能够帮助教师和学生的经典研究及课堂应用建议。

这本独一无二的书将为教师、家长、学生、教育领导者和希望获得持续专业发展的人提供支持、启发和各种必要知识。

为什么学生不喜欢上学？

认知心理学家解开大脑学习的运作结构，
如何更有效地学习与思考

作者简介

1983年，丹尼尔·T. 威林厄姆于杜克大学获得心理学本科学位；1990年，他获得哈佛大学认知心理学博士学位；从1992年至今，他在美国弗吉尼亚大学担任心理学教授。其研究主要关注以大脑为基础的学习和记忆，主要围绕认知心理学在基础教育方面的应用。

作　者：[美] 丹尼尔·T. 威林厄姆
出版社：中国青年出版社
ISBN　：978-7-5153-6708-8
定　价：59.90元

内容简介

本书作者以多种方式对认知科学进行了专业检验，将这些知识与教学实践活动结合起来，对如何学习和思考做出了清晰的解释，为教育工作者和决策者提供了强有力的蓝图。你将从本书中了解到认知心理学如何影响与促进学习和教学，认识到故事、情感、记忆、背景知识练习在构建知识和创造持久学习经验中的重要性，并据此给出了教育工作者提高学生的学习能力与精进自身教学技艺的方法建议。

- 中国教育学会副会长李希贵特别推荐，新教育实验发起人朱永新作序推荐
- 掌握学习的关键，构建科学的学习体系：

  记忆是思考的残留物

  思考能力取决于掌握的事实性知识

  原来学习知识也有“复利效应”

  利用分块记忆，突破工作记忆的有限空间

  长期记忆为何需要超量学习和间隔效应

  拒绝反复练习，就不可能精通任何脑力工作

  重塑智能需要持续努力

  技术并没有改变当代人的思考方式

  ……

用心学习

教育大师托尼·瓦格纳的学习之道

一部不平凡的自传式教育著作
带你在不平静的时代里，用心学习
你终将理解自己和周围的世界

- 国内外教育界专家一致推荐：北京第一实验学校校长李希贵、清华大学附属小学校长窦桂梅、趋势专家丹尼尔·平克、教育心理学家霍华德·加德纳、教育创新先锋泰德·丁特史密斯与肯·罗宾逊、亲子教育专家玛德琳·莱文等……
- 你将收获关于学习和教育的全新见解：

  真正明白这个世界就是重塑世界

  多元文化教育与教育反思

  为什么夏令营就是教育

  如何为学生设计自主学习项目和服务型学习

  如何让兴趣与学习并行，让实践与书本相结合

  如何将个人优势转变为社会价值？

作　者：[美] 托尼·瓦格纳
出版社：中国青年出版社
ISBN　：978-7-5153-6668-5
定　价：59.90元

内容简介　一个热爱阅读和写作的任性男孩对世界保持好奇心；一个被“恶语老师”贴上“废物”标签的学生，在成长中的每一个失败时刻与宣判式的回声做抵抗；一个带着急躁和冲劲的年轻人，为接近生活真相辍学，又为何重返大学？一个身处动荡的学习者，不断追问自我与周围的世界；一个毕业于哈佛的大学的高才生教师，帮助学生设计学习项目，讨论道德困境和艰难选择；一个创新教育的推崇者，帮助教师在课堂之外寻找教与学的机会……

作者简介　托尼·瓦格纳是全球公认的杰出教育家，曾任哈佛创新实验室常驻专家，现任学习策略研究所的资深研究员。

桦泽紫苑学习法

被脑科学证明的学习效率最大化的学习法

★ 日本特受推崇的神经科医生桦泽紫苑倡导学习就是输入。全书细列学习（输入）的80种实际情况，给出具体应对措施，有效解决一切学习问题。

★ 本书适用读者涵盖学生/父母/教师/成人等所有学习者。相比于专业性或那些具有特殊针对性的学习类图书，本书拥有很强的普遍适用性。

★ 作为神经科医生，桦泽紫苑拥有强大的专业（精神）学科背景，拥有丰富的实操经验，参照了大量现实案例。总之，本书吸收了桦泽紫苑大半生的关于学习的研究和实践心得，是一本不可多得的关于如何学习的独家秘籍。

ISBN：978-7-5153-6408-7　　作者：[日] 桦泽紫苑　　定价：59.90元

内容简介： 读书、学习、记忆、收集信息……重要的是，要能在有限的时间内，学习到优质的知识。

神经科医生桦泽紫苑认为，我们面对的信息过多。所以，我们始终要面对一个问题：如何在短时间内学会点什么？

很多读者都在问这个问题。因为，我们每个人都需要高效的学习方法，诸如阅读法、学习法、记忆法、会话法、收集信息法，等等。

这本书介绍了被脑科学证实的强学习法，有了这本书，你不仅可以一饱眼福，还能得心应手，从根本上解决自己遭遇的具体学习问题。

桦泽紫苑　神经科医生，时间管理教练，畅销书作家，著有《过目不忘读书法》《为什么精英都是时间控》等。

于札幌医科大学医学系毕业后，远赴美国芝加哥伊利诺伊大学留学3年，归国后创立了桦泽心理学研究所（株式会社）。在各类杂志上，在Facebook、Twitter、YouTube等网络媒体上以简单易懂的方式传播神经医学和心理学知识，拥有近50万粉丝。

作者每天更新的YouTube“神经科医生桦泽紫苑的桦频道”，点击量超过了400万人次，电子杂志订阅人数高达15万，订阅数量在日本首屈一指，被誉为“日本特受推崇的神经科医生”。